안 동
문 화
100선
①⑧

박
성
호 朴城浩

2007년 안동의 오지인 맹개마을에 정착한 후 친환경으로 밀 농사를 짓고 있으며 동시에 진맥소주를 만들고 있다. 독일 베를린자유대학에서 정보공학을 전공한 후 자동차용 IT와 무선인터넷 분야에서 사업을 하다가 안동 도산의 자연환경과 역사적 가치에 매료되어 안동에 정착했다. 개인적으로 '지속가능한 안동소주 연구소'를 만들어서 다양한 연구를 이어가고 있다. 와인 소믈리에이기도 하다.

최
형
락 崔炯洛

다큐 사진가. 인간의 근원적인 모습을 사진에 담고 싶다는 꿈을 꾸며 산다. 대학에서 국문학과 언론학을 전공하고 언론사 기자로 일하다 현재는 프리랜서로 활동 중이다. 전통문화에 관심이 있어 한지와 명주, 안동소주를 만드는 사람들의 이야기도 기록했다.
*이 책에 수록된 최형락의 사진은 Robuter 시리즈로 출판된『안동소주, 술 중의 술』을 위해 찍었으며 저작권자의 허락하에 수록된 사진임.

안동
소주

박성호 ^글
최형락 ^{사진}

민 속 원

안 동 소 주

차례

OI

안동소주에
대한
궁금증

2022년 현재 시판되고 있는 안동소주들

　한 지역의 대표성을 지닌 음식이나 물품은, 오랜 세월동안 그 지역에 터 잡고
살던 사람들의 애환이 녹아있는 역사적, 문화적 삶의 소산물이다. 안동을 대표
하는 음식 대부분이 그런 얘깃거리들을 담고 있으며, 그 얘기를 단순화시킨 스
토리텔링이 다시 그 음식이나 물건을 구매하게 하는 원동력이 되기도 한다.

　그럼 안동을 대표하는 음식은 어떤 것이 있을까? 안동 간고등어, 안동 헛제
사밥, 안동 식해 등이 떠오르지만, 그 중에서도 먼저 기억나는 것은 단연 안동
소주다. 실제 그럴까? 지난 일년간[1] 네이버 데이터랩을 이용해 안동의 대표
음식들과 비교한 검색량 분석에서 안동소주가 안동간고등어의 1.5~2배 정도
의 많은 검색량이 확인되었다. 심지어 안동의 대표 명소인 도산서원, 하회마
을, 월영교와 비교해도 대한민국 국민들의 안동소주 검색량이 지역의 명소를

――――――――
1　2021년 9월 25일~2022년 9월 25일까지 검색량 분석

8

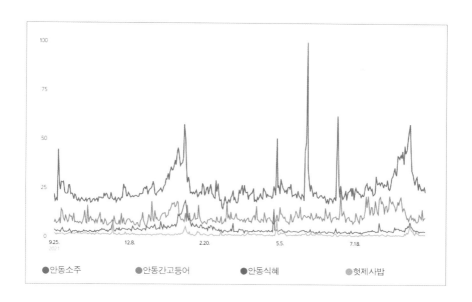

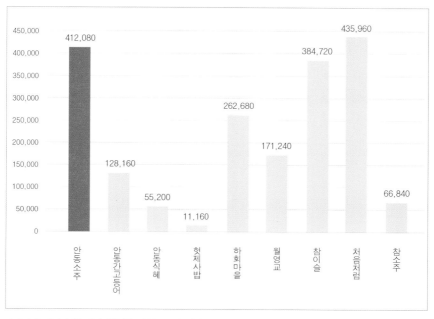

〈네이버 데이터랩〉에서 분석한 안동소주의 키워드 검색량 비교

압도하는 것을 알 수 있다. 그럼 전세계에서 가장 많이 팔리는 술인 참이슬과 처음처럼을 안동소주와 비교해 보면 어떨까? 놀랍게도, 안동소주의 연간 검색량이 참이슬이나 처음처럼을 상회한다는 것을 알 수 있다. 이렇게 파워 브랜드가 안동에 있다는 것은 안동의 큰 문화적 자산이 아닐까 여겨지면서 몇 가지 궁금한 질문이 꼬리를 물게 된다.

안동소주가 왜 유명할까? 그리고 안동소주의 정의는 무엇일까?

현재 안동에는 8개의 소주 회사가 있으며 모두가 안동소주란 이름으로 판매되고 있는데, 안동소주란 의미는 지역명을 표시하는 원산지 표시를 위한 것일까 아니면 특정한 소주의 품질이나 규약에 의거해 생산되는 제품일까?

그리고 안동소주는 어떻게 안동 그리고 그 너머 한국을 대표적인 전통 소주의 명성을 얻게 되었을까?

그 시작은 어디이며, 어떻게 현재에 이르게 되었을까?

이 책이 모든 답을 주진 못하겠지만, 안동에서 소주의 전래傳來와 여정을 살펴보고 그 과정에서 안동을 대표하는 음식 문화 상품으로 자리하게 된 배경을 발견 할 수 있다면 나름의 성과라 여겨진다.

안동소주의 역사는 단지 안동 지역에 국한되지 않고 결국 한국에서의 소주가 어떻게 전개되고 흘러왔는지를 보여주는 단면도와도 같다. 이제 안동소주의 긴 여정을 따라가 보려 한다.

02

고려의
술과
소주의
안동 전래

고려의 술

우리나라에서 술이 언제 시작되었는지 확인할 수는 없지만, 고구려 건국 이전부터 이미 술이 있었음을 보여주는 기록들이 있고, 삼국시대에는 양조기술이 발달하여 일본에 술 만드는 법을 전해주기도 했다.

오늘날 우리나라의 3대 주종을 탁주, 약주(청주), 소주로 분류하고 있는데, 정확하게 어떤 종류의 술을 고려시대 이전에 마셨는지 구체적으로 알 수는 없지만, 쉽게 만들 수 있는 탁주와 비슷했을 것으로 추정된다.[1]

술에 대한 기록은 고려시대부터 주로 등장하는데, 이때는 다양한 술과 음주문화가 자리 잡고 있었고, 고려가요인 한림별곡翰林別曲에는 술의 빛깔과 재료에 따라 술의 이름을 구별하기도 했고 심지어 술잔에 대한 언급들도 기록되어 있다.

문학 작품들과 여러 사료들에 좀 더 자세한 술이 소개되기 시작한다. 고려의 술을 기록하는 최초의 책은 송나라 사신 서긍徐兢(1091~1153)이 쓴 고려도경高麗圖經인데, 고려인들이 술을 좋아하고 잔치에서 술을 밤늦게까지 즐겼다고 기록했다. 또한 왕과 귀족은 청주와 법주를 즐기고 서민들은 술 색이 진한 탁주를 마셨으며, 심지어 찹쌀을 사용하지 않아서 맛이 없다는 음주평까지 내놓았다.

특이한 점은 고려시대는 조선과 다르게 관영주점이 개설되었다는 것이다. 983년에 원활한 화폐 유통을 위해서 성례成禮·영액靈液등 6개의 주점을 운영했다.

1104년(숙종 9)에는 가난한 백성들에게 쌀을 주고 주식점酒食店을 열 수 있도록 각 현에 명령해서 민영주점이 성행하게 되었다.

고려시대의 청주와 법주는 왕실의 주조기관인 양온서良醞署에서 만들어 서민은 접할 수 없는 술이었다. 이미 이때 탁주와 맑은 약주(청주)가 존재했던

1 장지현, 『韓國外來酒流入史硏究』, 서울: 修學社, 1989, 10쪽.

것이다.

주점이 관영으로 운영되었을 뿐만 아니라 사회경제적인 활동이 활발했던 사찰에서도 술을 양조하고 판매를 했다. 연등회, 팔관회와 같이 국가가 시행하는 종교의례에서 많은 사람들이 사원으로 가서 의례에 참가했는데 이 때에도 술이 떨어진 적이 없었다고 할 정도로 그 양이 많았다.

고려 후기에 들어서면서 다양한 술들이 등장하는데, 이화주梨花酒, 피파주疲把酒, 춘주春酒, 녹파주綠波酒, 천금주千金酒 등 25종 이상이 등장했다. 또한 문학장르에도 의인화된 술이 주인공인 이규보의 국선생전麴先生傳과 임춘의 국순전麴醇傳이 쓰여질 정도로, 술에 대한 다양한 관심과 대중적 소비가 이루어지고 있었다.

당시에 만들던 술과 달리 포도주葡萄酒, 양주羊酒, 마유주와 같이 외국의 사신이나 상인이 고려로 들어와 진상하거나 전달된 술에 대한 기록도 등장하기 시작한다. 이러한 외래주들은 일반인들이 쉽게 접할 수 없는 특별한 것으로 왕과 귀족들의 전유물과도 같은 것이었다.

소주의 출현

그런데, 한번도 문헌에 언급된 적이 없던 외래주 한 종이 급속도로 일반인들 사이에 퍼지기 시작했는데, 이름하여 아랄길주阿剌吉酒(중국 발음으로 아라지, 외래어 아라키의 음사[2]) 혹은 소주燒酒라 불리운 증류주였다. 고려 후기까지 많은 술에 대한 사료가 남아 있음에도 불구하고 언급되지 않던 소주가 1300년대 들어서 처음 등장한다.

최초의 소주 기록은 고려사 최영전崔瑩傳(1316~1388)에 나오는데, 최영 장군

---

2   박현희, 「燒酒(소주)의 흥기 - 몽골 시기(1206~1368) 중국에서 한반도에로 증류기술의 전파」, 『中央아시아硏究』 21-1, 2016, 70쪽.

의 휘하에 있던 김진金鎭(1360년경)에 대한 것이다.

경상도 지역의 책임 장수로 있던 김진은 향락을 쫓고 소주를 즐겨서 소주도燒酒徒란 별명이 붙었고, 일본군과 전쟁을 하는 위기의 순간에 김진과 그의 소주 무리들이 술에 취한 채로 패해서 결국 몰락했다는 기록이다.

우왕 원년 2월(1375) 고려사의 또 다른 기록에는 소주가 폭넓게 확산되고 사용되어서, 비단, 금 등과 함께 사치품으로서 소주를 금지했다.

고려 중기까지도 여러 문인들이 다양한 술들을 기록으로 남겼지만 언급되지 않았던 소주가, 갑자기 고려 후기에 등장하고 그것도 아주 빠른 속도로 퍼져서, 군대는 물론이거니와 일반인들의 사치품 목록에 올랐던 사실은 놀라운 일이다.

시인 이색(1328~1396)도 이 소주(아랄길)를 맛보게 되었는데,

가을 이슬처럼 둥글게 맺혀
밤이 되면 똑똑 떨어지네. …(중략)…
반잔 술 거우 넘기자마자
훈기가 뼛속까지 퍼지니

라고 적고 있다. 노주露酒로도 표현된 소주는 발효된 술을 증류해서 이슬처럼 추출하는 강한 도수의 술이었다.

그렇다면 이색이 마신 이 소주는 언제 한반도에 전해지고 그 기술이 보급되었을까?

문헌들을 종합해 보면 고려 중기와 말기 사이 어느 시점에 소주가 한반도에 들어오게 되었으리라 추측할 수 있다. 그리고 빠르게 확산된 것으로 보아 매우 획기적인 방법으로 여러 지역에서 동시다발로 보급되었을 가능성이 있다.

다른 외래주들이 소개되고 보급되는데 무척 오랜 시간이 걸린 것과 달리, 한번도 언급되지 않던 술이 갑자기 등장해서는 그 폐해로 인해 금지되고, 사

람들을 피폐하게 만들기까지 한 것을 보면 더더욱 그렇다.[3]

소주의 한반도 전래를 좀 더 특정하자면, 몽골이 중국에서 원나라를 세우고 전 세계로 그 세력을 확장하는 것과 동시에 고려를 침공하고 속국으로 만들던 즈음이라 볼 수 있다.

허준(1539~1615)의 동의보감東醫寶鑑에는 "소주는 원대부터 만들기 시작했다. 그 맛은 매우 맹렬하고, 많이 마시면 몸을 해친다"고 했으며 이수광(1563~1628)의 지봉유설(1614)에서는 "소주는 원나라 때에 생긴 술인데, 오직 이것은 약으로만 쓰고 함부로 마시지는 않았다. 그러므로 풍속에 작은 잔을 가지고 소줏잔이라고 했다. 근세에 와서는 사대부들이 호사스러워 제멋대로 마신다. 여름이면 소주를 큰 잔으로 함부로 많이 마신다. 그리하여 잔뜩 취함을 한도로 삼으니, 갑자기 죽게 됨이 많다."라고 기록하고 있다.

소주 기술을 고려에 누가 전달 했느냐와 별개로, 최초로 소주(증류주)를 누가 만들었느냐의 소주 기원 자체에 대해서는 페르시아설, 고대 중국설, 몽골설 등 여러 의견이 분분 하지만 소주를 한반도, 즉 고려에 전달한 것은 중국 원대의 몽골인들이란 것에는 대부분 이견이 없다.

소주의 안동 전래

고려의 수도였으며 몽골과 왕래가 잦았던 개성, 몽골의 통치를 오래 받은 제주에 소주가 전래되고 현재까지 널리 알려진 술들이 많다는 것은 쉽게 이해할 수 있다. 그렇다면 오늘날 소주로 명성을 날리는 안동은 어떤 이유로 다른 지역보다 소주로 유명한 것일까?

몽골 소주가 안동에 뿌리 내리는 계기가 있었을까?

안동 사람들이 몽골의 풍습을 받아들일 만한 상호 교류의 큰 흐름을 찾아야

---

3   박현희, 위의 글, 82쪽.

만 이에 대한 해답을 얻을 수 있다.[4]

　고려 후기부터 널리 퍼지기 시작한 소주는 증류주로서, 현재는 보편화된 기술이었다 하더라도 당시에는 혁신적이면서도 특별한 증류기술을 필요로 했다. 단지 외국의 사신에게서 선물을 받았다거나 제조방법에 대해 설명을 들어서 만들 수 있는 것 아니라 그 원리에 대한 이해와 제조를 위해 특별히 제작된 증류장치에 의해서 만들 수 있는 술이었다.

　외국에서 들어온 많은 다른 술들과 달리 이러한 어려운 기술과 도구를 사용했어야 함에도 전국적으로 빠르게 확산된 데에는 무역이나 문화적 교류를 넘어서는 전체 한반도에 영향을 끼치는 정치, 군사적인 역사적 교류가 있었기에 가능한 일이었다.[5]

초기 몽골형 소주고리(는지)

솥단지를 이용해 소주 내리는 것은 안동을 비롯해서 전국에 널리 애용되던 민간의 소주 고는 방식이었다. 함경도 지역에서 이와 유사한 '는지'라 불리는 원시적 형태의 증류기가 조사된 바 있는데, 술받는 주둥이가 밖으로 나오지 않고, 물 받침이 역삼각형을 띄어서 솥 내부에서 소주를 받을 수 있도록 했다.

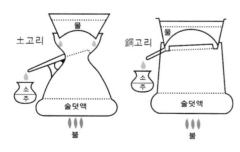

조선시대에 전국에서 사용하던 소줏고리의 형태. 시루가 밑부분과 윗부분의 두개로 나누어진 방식이 쓰이는데, 재료에 따라 흙으로 만들면 토土고리(20세기 초의 조사에서 충남, 전라, 경상, 함경 등 전역에서 발견), 동銅고리(서울, 전남, 충북, 강원 등에서 발견), 철鐵고리(개성 등지) 등으로 불렸다. 안동의 조옥화씨가 민속주 조사시에 시연한 고리는 상하 분리 되지 않은 것이며 질토기와 옹기토기 두 종류였다. 왼쪽의 동고리 그림은 20세기 초 서울지역에서 발견된 고리를 그린 것이다.
그림 출처 : 최한석 · 정석태 외 5인, 「생명의 물, 증류주」, 『RDA Interobang』 제168호, 2016.

4　배영동, 「안동소주 생산과 소비의 역사와 의미」, 『지방사와 지방문화』 제9권 2호, 2006, 380쪽.
5　박현희, 앞의 글, 83쪽.

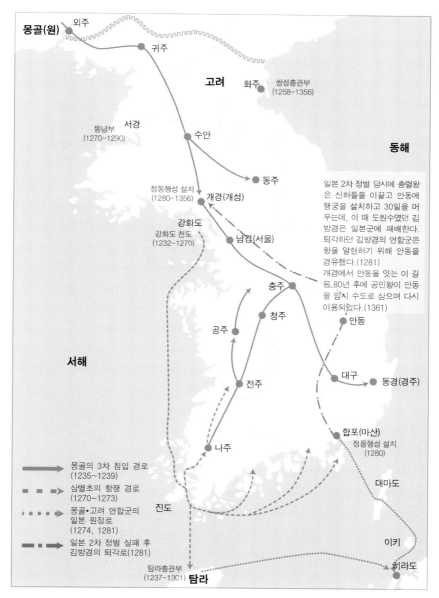

몽골(원)

외주

귀주

고려

화주

쌍성총관부
(1258~1356)

동녕부
(1270~1290)

서경

수안

동해

동주

정동행성 설치
(1280~1356)

개경(개성)

일본 2차 정벌 당시에 충렬왕
은 신하들을 이끌고 안동에
행궁을 설치하고 30일을 머
무는데, 이 때 도원수였던 김
방경은 일본군에 패배한다.
퇴각하던 김방경의 연합군은
왕을 알현하기 위해 안동을
경유했다.(1281)
개경에서 안동을 잇는 이 길
은 80년 후에 공민왕이 안동
을 임시 수도로 삼으며 다시
이용되었다.(1361)

강화도

강화도 천도
(1232~1270)

남경(서울)

충주

청주

공주

안동

서해

전주

대구

동경(경주)

나주

합포(마산)

정동행성 설치
(1280)

대마도

진도

이키

━━━▶ 몽골의 3차 침입 경로
     (1235~1239)

▪▪▪▪▶ 삼별초의 항쟁 경로
     (1270~1273)

••••▶ 몽골·고려 연합군의
     일본 원정로
     (1274, 1281)

━▪━▪▶ 일본 2차 정벌 실패 후
     김방경의 퇴각로(1281)

히라도

탐라총관부
(1237~1301)

탐라

안동의 소주 전래를 엿볼 수 있는 몽골군의 고려 침입과 당시의 이동 경로들
몽골군과 고려·몽골 연합군의 행보는 한반도 소주사에 중요한 족적을 남겼다. 주둔지였던 서경, 개성, 제주,
마산은 물론, 왕의 행궁이 설치되고 일본 정벌의 퇴각로였던 안동은 일찍부터 소주제조의 본고장으로 자리잡았다.

이러한 대규모의 교류는 다름 아닌 13세기 몽골의 침입과 그 이후의 문화, 정치, 군사적 교류라 할 수 있으며, 좀 더 좁게는 일본 정벌을 위한 몽골군의 병참기지와 대규모 군사들의 이동이었다.

어느 문헌에서도 확인되지는 않지만, 정황으로 보면 30여년간 몽골과 싸우던 고려가 항복을 한 후에 끝까지 몽골에 항전하던 삼별초를 고려-몽골 연합군이 제압한 1273년 전후에, 몽골군의 주둔지들에서 소주의 제조가 활발히 이루어졌으며 그들이 주둔했던 곳들이 오늘날까지 소주의 명성을 간직한 도시가되었으리라 추측이 된다.[6]

군대의 주둔과 별개로 이때에 많은 고려인들이 중국으로 끌려갔고, 이러한 과정에서 인적교류와 물적, 기술적 교류들이 활발히 이루어지고 특히 몽골 시대부터 개발되어 사용했을 것으로 추측되는 간이 증류기들이 고려로 보급되고 소개되었다고 볼 수 있다.

2번의 임시수도, 안동

30년간의 저항 후에 고려는 1259년 몽골에 항복했다. 이후 몽골과 고려는 연합군을 결성해서 일본 정벌에 나섰지만 1274년에 패전했다. 그 후 두 번째 일본 정벌에 나서면서 고려군 도원수로 안동 출신의 김방경[7] 장군을 임명했다. 충렬왕은 김방경의 일본 정벌 기간 중인 1281년, 안동에 행궁을 설치하고 30여일을 머문다.[8]

---

6 이성우, 『高麗以前의 韓國食生活研究』 서울: 鄕文社, 1978, 216쪽.
7 김방경(金方慶)은 고려 후기 안동 출신의 무신이다. 1270년 6월 개경 환도가 강행되자 삼별초가 반란을 일으켰고 그때 김방경은 삼별초 토벌 임무를 맡았다. 이듬해 새로 원의 원수로 임명된 흔도(忻都)와 더불어 진도를 사방에서 공격하여 삼별초를 토벌하는 데 성공했다. 1274년(충렬왕 즉위년) 10월 도원수 흔도(忻都)의 총지휘 아래 원의 일본 정벌 때 도독사(都督使)로서 고려군 8천 명을 이끌고 참여했다.
8 충렬왕 7년, 1281년, 8월 정묘일~윤8월 경신일.

안동이 고려시대 첫 번째 임시수도가 되었다.

충렬왕은 이때 원 쿠빌라이의 공주이자 자신의 부인이 된 제국대장공주와 함께 안동에 오는데, 안동은 제국대장공주의 탕목읍湯沐邑이었다.[9] 왕에 대한 대접에 인색했다는 이유로 안동의 부사副使까지 바꿔가며 왕을 영접하고 수십일간 왕의 체류에 극진히 응했지만, 안타깝게도 일본 원정에 나선 김방경으로부터 전해온 소식은 패전이었다.

안동 행궁에서 전해들은 일본정벌 실패 소식을 충렬왕은 원나라 장수를 통해 원의 칸에게 보고하도록 했고, 그로부터 12일 뒤에는 김방경이 안동 행궁을 찾아 충렬왕을 알현했다.

원나라에서 살면서 몽골의 풍습과 음식에 익숙했을 충렬왕과 몽골인인 왕비 그리고 많은 수의 측근들이 함께 기거하고 북적댔을 안동 행궁, 또한 퇴각하던 대규모의 고려-몽골 연합군의 안동 경유 등을 비쳐 봐서는 안동의 소주 전래가 이 즈음이었을 것으로 추측할 수 있다.[10]

안동에서 직접 전쟁이 일어나거나 일본으로 진군하면서 연합군의 전초기지 역할을 하지는 않았지만, 이러한 중요한 대규모 외부와의 교류는 한 도시의 큰 문화적 충격이었고 상당히 많은 몽골의 기술과 문화, 특히 당시 도입된 소주제조 기술이 전달되었을 것으로 예상할 수 있다.

안동과 개경 간에 또 한번 대규모의 교류가 이루어지는데, 바로 1361년 12월부터 약 70일간 지속된 공민왕의 피난이었다. 이미 언급한 대로 공민왕이 안동을 오던 시기는, 최영 장군의 휘하 군대 내에서는 소주 음주가 만연했었고, 1375년에는 소주의 폐해가 커서 법으로 금지해야 할 만큼 폭넓게 퍼졌던 때였다.

홍건적의 침입을 피해 안동에 체류한 공민왕과 왕의 대규모 일행들 역시 추운 겨울을 나며 많은 음식과 소주를 소비했을 것으로 추정할 수 있다. 행궁의

---

9 "안동은 공주의 탕목읍이니 부사 송유의로 그 홍정의 임무를 띄게 하라."『고려사』 권제29, 4장|
10 배영동, 앞의 글, 381쪽.

일행 중에는 몽골에서 온 공민왕의 부인인 노국공주, 몽골의 요리사, 술 제조자나 기술자가 포함되었을 것이며 증류를 위한 도구들이 사용되었으리라 짐작할 수 있다.

고려 후기, 전쟁의 와중에 두 번이나 임시 수도가 되었던 안동은 한반도 소주 전래와 정착에 중요한 거점 도시가 되었다. 1281년 충렬왕의 행궁이 소주 전래의 시점이라 한다면, 그로부터 80년 후에 있었던 공민왕의 체류는 안동 사회에 소주가 폭넓게 확산되는 계기가 되었다.

03

조선의 소주,
안동의
문헌에
투영되다

조선시대의 소주

소주가 빠르게 보급되었다고는 하나, 고려는 물론이거니와 조선시대 초기까지 소주는 중상류층의 전유물이나 다름없었다. 일반적인 발효술(탁주 및 청주)에 비해서 높은 도수인 소주는 발효주를 증류해서 얻는 술이다 보니, 대량의 곡식을 소비하게 되고, 많은 양의 땔감, 소주를 내리는 도구, 소주를 만드는 사람의 품이 요구되었다. 기술적인 습득의 여부를 떠나서 웬만한 경제력으로는 만들기 쉽지 않은 술이었던 것이다.

그러다 보니 자연스레 경제적 기반이 있는 양반들이 소주를 소비하는 주된 주체였는데, 이 소주는 별다른 영양가가 없으면서도 매우 비쌌다는 점에서 양반들의 고급스런 취향을 드러내는 대표적인 형식주의적 기호품으로 자리 잡았다.

특히 소주가 조선 초기에 특정한 계급인 양반들에게 더 많이 보급된 계기는, 역설적이게도, 금주령이었다고 해석하는 전문가들도 있다. 조선왕조 내내 금주령이 시행되었고[1] 조선 초기의 태종, 세종, 성종 때에 더 자주 시행 되었음에도 불구하고 양반들이 술을 즐길 수 있었던 것은 그 지속력이 약하고, 구속력이 심하지 않았다는 데에 일차적 원인이 있다. 대부분의 양반들은 실제적인 처벌을 받지 않았으며 소주 제조에 별다른 구속을 받지 않았기 때문이었다.[2]

소주의 소비는 권력과 부를 상징하기도 했지만 시간이 지나면서 소주의 기술 보급과 확산으로 인해 소주를 소비하는 대상이 확대되었다.

1490년 성종때 사간司諫 조효동趙孝仝은

'세종조世宗朝에는 사대부士大夫 집에서 소주燒酒를 드물게 썼는데 지금은 보통

연회宴會에서도 모두 쓰므로 낭비가 막심하니, 청컨대 모두 금지하도록 하소

1　당시에 금주령에 대한 기록은 108건이 있으며 해소령은 29건이 있다. 배진아, 「조선후기 음주 문화와 금주령」, 동아대학교 석사학위논문, 2008, 12쪽.

2　류정월, 「조선 초기 양반의 술 문화 - 조선 초기 잡록의 술 관련 일화를 중심으로」, 『東方學』19, 2010, 338쪽.

서.'하니, 임금이 말하기를, 이와 같은 일은 사헌부司憲府에서 마땅히 금지할 것이다[3]

라는 기록이 있다.

또한 1524년에는 "요즈음 민간의 폐해를 보면, 식량이 부족한 까닭은 모여서 술을 마시는 것이 그 해가 되는데, 소주를 만들기 위하여 미곡을 낭비하는 것이 더욱 심합니다. 처음 관리로 등용되는 사람에게 소주를 장만하여 내게 하므로 가산을 팔아서 힘을 다하여 장만하고, 외방의 관부官府에서는 이것으로 손님을 대접하여 마치 물처럼 쓰며, 민가에서도 이를 본뜨므로, 중외中外가 버릇되면 폐해가 그치지 않을 것이니"[4] 소주를 금지해 달라는 청원이 있었다.

이 글에서 보면 관리가 되어 한턱을 낼 때 소주를 요구했고, 이를 위해 집을 팔아야 했을 만큼 비쌌음에도 많은 사람들이 관행과 유행처럼 이를 따라 했을 만큼 소주의 확산세가 빠르고 낭비가 심했으며 이로 인해 사회 문제가 되었다.

소주의 전래와 그 확산이 상당히 빠르고 폭넓게 이루어지는 즈음, 소주에 대한 제조방법이 소개됐다. 최초의 소주 제조 방법은 1450년 조선초기 세종의 어의였던 전순의全循義가 지은 농서이자 요리책인 산가요록山家滾綠에 기록되었는데, 목맥(메밀)소주 제조법이었다. 우리나라 문헌에서 발견된 최초의 소주 제조법인 셈이다.

산가요록은 농사의 기술 등을 소개하면서 동시에 술만드는 방법 66가지를 수록했는데 여기에는 13세기 고려 후기에 등장했던 술을 포함해서 오늘날에도 우리가 마시는 전통주의 제조방법이 기록되어 있는데 술 빚는 재료와 방법이 이미 이 당시에 정립되어 있었다고 볼 수 있다.

---

3 『조선왕조실록』, 성종21년 4월 10일.
4 『조선왕조실록』, 중종19년 8월 1일.

조선의 선술집을 묘사한 신윤복의 〈주사거배(酒肆擧盃)〉
擧盃邀皓月, 抱甕對淸風
술잔을 들어 밝은 달을 맞이하고, 술항아리 끌어안고 맑은 바람 대한다.
(1805, 간송미술관 소장)

우리나라 술은 가양주 형태로 발전해 왔는데, 같은 이름의 전통주라고 해도 가문이나 지역에 따라 조금 다른 제조방법을 사용하거나 다른 이름이지만 유사한 제조방법을 이용하는 경우가 많다.

종가를 중심으로 맥을 잇고 있는 안동의 경우, 오늘날까지도 한 집안에서 이어져 오는 가양주를 흔히 볼 수 있는데, 예를 들면 퇴계 선생이 태어난 태실인 안동 온혜의 노송정 종가에서 오백년간 내려온 좁쌀黍粟로 빚은 청주인 노속주가 그 예다.

안동의 소주, 그 최초의 기록들

산가요록의 등장 후 본격적인 요리서는 안동 지역에서 발견되었다.

1540년경 한문 필사본인 수운잡방需雲雜方, 1670경에 한글로 쓰여진 최초의 조리서인 음식디미방, 그리고 온주법醞酒法이 그것이다.

수운잡방과 진맥소주眞麥燒酒

수운잡방은 종가에서 전해지는 가장 오래된 조리서로서, 1540년경 김유가 16세기 안동 문화권의 음식문화를 정리해 기록했다. 한문 필사본으로 총 121항의 조리법 가운데 상편이 86항이고, 하편이 35항으로 이루어졌다. 책의 구성은 술 60항, 장류 10항, 김치 15항, 식초 6항, 채소 저장법 2항, 기타 조리법이 15항목이다.

김유는 상당한 재산을 물려받았다. 관직에 있지 않았지만 많은 지식인들과 교류했는데, 이를 테면 퇴계 이황, 농암 이현보, 회재 이언적과 더불어 탁청정濯淸亭에서 종종 연회를 열어 함께 즐겼다. 그는 퇴계의 오촌질 이빙李憑을 사위로 맞이했고, 농암의 딸을 며느리로 맞이했다.

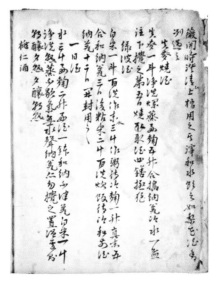

진맥소주가 기록된 한문 필사본

김유, 『수운잡방』(1540)

탁청정이라는 공간을 중심으로 다양한 모임과 행사를 가졌다는 점에서 그의 집필 동기 즉, 음식을 통한 사회적 관계 유지가 함의되어 있다. 빈객에게 좋은 음식을 접대하기 위해서는 조리방법을 정리하고 이를 기록할 필요가 있었던 것이다. 이러한 환경에서 저술된 수운잡방은 조선전기 안동지역의 종가 음식을 반영하고 있다.[5]

수운잡방에 기록된 60여 개의 술 중에서 유독 눈에 띄는 것은 소주 1종이며 그 이름은 진맥소주다. 민간에서 기록한 최초의 소주 제조법은 다음과 같다.

○진맥소주 : 밀 1말을 깨끗이 씻어서 무르게 찐 다음, 좋은 누룩 5되와 함께
　　쪄서 독에 담고 찬물 1동이를 부어서 저어 둔다. 5일째 되는 날에 술을

5　이난수, 「古조리서로 본 종가(宗家)의 살림문화 -『수운잡방(需雲雜方)』『음식디미방』『온주법(蘊酒法)』을 중심으로」, 『어문론총』 62, 2014, 244쪽.

고면燒 4되釜가 나오는데 그 맛이 매우 독하다.

　진맥소주의 진맥眞麥은 밀을 의미하는데, 안동지역에서 쓰여진 최초의 소주 제조법에 등장하는 원료가 밀인 것은 매우 흥미로운 일이다. 오늘날에도 일부 지역의 방언에서 밀가루를 진가루로 부르기도 한다. 진맥소주의 제조방법 역시 후대에 기록된 쌀소주와 대비된다. 고두밥을 지어 술을 만드는 쌀소주와 달리, 밀을 찌고 누룩을 섞은 후에 절구에 찧어 인절미처럼 만든 후에 물을 넣어 발효하는 것이 진맥소주다.

　오늘날, 안동의 소주를 비롯한 한국 대다수의 증류식 소주가 쌀을 기본으로 하고 있는 반면에, 1450년 산가요록을 시작으로 조선시대에 기록된 수십여가지의 음식조리서와 주방문에 등장하는 소주의 주원료는 메밀, 밀, 찹쌀, 맵쌀, 보리, 조, 고구마 등으로 다양했다. 이는 고려 후기에 몽골로부터 소주가 전래될 때의 원료가 밀이나 메밀이었을 가능성도 있지만, 다른 한편으로는 여러 지역으로 전파되고 보편화 되는 과정에서, 흔히 구할 수 있는 곡물, 선호하는 술맛에 따른 곡물의 선택, 그리고 각 지역에서 가장 쉽게 만들던 발효주를 그대로 증류하면서 원료가 다양해졌다.

음식디미방, 소주 제조비법의 보고

　음식디미방飮食知味方(음식지미방)은 1670년(현종 11)경 정부인貞夫人 안동安東 장씨張氏가 쓴 책인데, 동아시아에서 여성이 쓴 첫 조리서이자 한글로 쓴 최초의 조리서다. 음식디미방은 '음식의 맛을 아는 방법'이라는 뜻을 지녔다.

　이 책은 예로부터 전해오거나 장씨 부인이 스스로 개발한 음식 등, 양반가에서 먹는 각종 특별한 음식들의 조리법을 자세하게 소개했다.

　총 146가지의 조리법이 있고 세 분야로 나누어 놓고 있다.

- 면병류麪餅類 18개 항목
- 어육류魚肉類 74개 항목
- 주류酒類 및 초류醋類 54개 항목

이 주류 중에서 소주는 소주1, 소주2, 밀소주, 찹쌀소주 로 총 4가지가 기록되어 있다.

1540년, 1종의 밀소주가 등장하는 수운잡방과 비교하면 음식디미방의 소주제조법은 상당히 늘어났다. 이는 지식의 전달자이기도 하지만, 실제 자신이 요리하거나 만들던 술의 제조법을 기술한 것으로 보여 이 시기에 다양한 원료로 소주를 제조하고 그 제조 기술도 다양하게 응용되고 있음을 보여주는 사례라 할 수 있다.

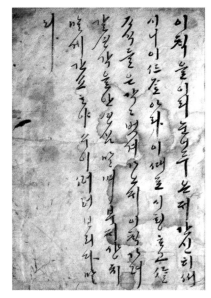

음식디미방 표지(右)와 첫 장(左)(경북대학교 소장)

좀 더 자세히 소주의 제조법을 살펴보면 다음과 같다.

○쇼쥬(쌀소주 1) : 쌀 한 말을 백세하여 잘 익게 쪄 끓인 물 두 말에 담가
차게 식거든 누룩 닷 되 섞어 넣었다가 이레가 지나거든 고되, 물 두 사발을
먼저 끓인 후에 술 세 사발을 그 물에 부어 고루고루 저어라. 불이 성하면
술이 많이 나되 내(타는 듯한 냄새) 기운이 구멍 가운데로 나는 듯하고, 불
이 뜨면 술이 적고 불이 중하면 맛이 심히 덜 좋고, 또 위의 물을 자주 갈아
이 법을 잊어버리지 않으면 매운 술이 세 병 나느니라.

○쇼쥬(쌀소주 2) : 쌀 한 말 백세하여 익게 쪄 탕수 두 말에 풀어 묵은 누룩
닷 되 섞어 엿새 만에 고되, 물 두 사발을 먼저 솥에 부어 끓이고 술 세 사발
을 그 물에 부어 고루 젓고, 뽕나무 밤나무 불을 알맞게 때어 위에 올려놓은
물이 땃땃하거든 자주 갈되, 한솥에 새물 떠두었다가 푸며 즉시 부우면 소주
가장 많이 나고 좋으니라.

○밀쇼쥬 : 밀 한 말을 정하게 씻어 무르게 쪄 누룩 닷 되를 한데 섞어 찧어
냉수를 한 동이를 부어 저어 두었다가 닷새 만에 고면 네 대야가 나느니라.

○춥쌀쇼쥬(찹쌀소주) : 찹쌀 한 되 멥쌀 한 되 작말하여 정화수 마흔 복자에
가루를 풀어 많이 끓여 도로 식어 따뜻할 정도면 누룩 너 되 넣어 그리 차지
않은 곳에 두었다가 이튿날 찹쌀 한 말 익게 쪄 많이 차거든 밑술 섞어 넣어
칠일 지나거든 고라. 가장 좋으면 열여덟 복자 나고 그렇지 못하면 열여섯
복자 나느니라. 더할 때는 짐작하여 누룩을 더 넣어라.

음식디미방의 소주 제조법은 오늘날까지도 소주제조의 정석과도 같은데,
소주의 원료가 다양하고 재료에 따른 제조방법도 달리 설명하고 있다.

놀라운 것은, 소주를 내리는 과정인데, 전해 듣거나 다른 사람의 기록을 옮
겨서는 설명하지 못하는, 소위 오랜 제조 경험으로만 알 수 있는 비법秘法들을
적었다는 것이다.

조선시대에 사용하던 술 빚는 도구들
항아리, 밥 찌는 질시루, 됫박 등이 사용되었다.

이 책의 소주 제조법을 보면 (1)당시 사용했던 증류기의 모양이 몽골 증류
기로도 불리우는, 가마솥 뚜껑을 뒤집어 놓은 형태의 증류기라는 것을 알 수
있고, (2)소줏불의 조절과 강도에 따라 술맛이 다를 뿐 아니라 어떤 나무로
장작을 해야 고르게 불을 지필수 있다는 것 까지 설명하고 있으며 (3)증류 전
에 술덧에 물을 먼저 끓여서, 술이 눌어 타는 냄새를 방지하고, (4)증류 과정
에서 냉각수의 중요성을 설명하고 있다.

또 하나 주목할 점은 이양주를 만들어 소주를 내리는 방법이라 할 수 있다.
곡물과 누룩을 섞어 한번에 발효하는 단양주單釀酒의 소개와 함께, 찹쌀소주에
서는 밑술을 만든 후에 한번 더 찹쌀을 쪄서 덧술을 하는 이양주二釀酒로 소주
를 고는 방법이다.

이렇게 상세한 소주 제조법은 후대 이 지역의 많은 소주·제조에 영향을 끼쳤을 것이다. 맛있는 소주를 내리는 기술을 계승한 안동 지역의 소주가 조선 시대를 거쳐 일제 강점기까지 명성을 얻었을 것은 쉽게 상상해 볼 수 있다.

온주법: 술의 정석

온주법은 18세기에 편찬된 것으로 추정되는 작자 미상의 한글 요리책으로 안동시 임하면 천전리에 있는 의성 김씨 청계공 종택에 소장되어 있다.

책의 권두서명은 "술법"이라고 하고 겉표지에는 온주법이라 적혀 있다. 온주법의 온蘊은 간직한다는 뜻으로 '술을 만드는 법을 모아놓은 책'이라 할 수 있다.

수운잡방이 음식과 술 레시피의 모음집이고, 음식디미방은 한 가문을 경영하면서 제사나 손님 접대에 필요한 음식과 술에 대한 제조 노하우를 후대까지 알 수 있게 상세히 설명했다고 한다면 온주법은 조선시대 안동 지역 양반들의 최대 가치 중 하나였던 봉제사접빈객奉祭祀接賓客을 실천하기 위한 지침서이자 마음 자세까지 담은 술법 모음집이다.

"술은 신명을 움직이고 빈객을 기분좋게 만드니 음식 중 이만한 것이 없다. 그러므로 옛사람이 고을의 정사를 술로써 안다고 여겼으니 양반집에서 유념하지 않을 수 있겠는가."[6]라며 제례와 빈객의 대접에서 술의 중요성을 강조했다.

술을 빚는 동안의 마음가짐에 대해서는 다음과 같이 적었다.

> 술을 빚을 때 먼저 누룩을 햇볕에 대엿새 동안 말려 그을린 기운을 없앤 후에
> 곱게 가루를 만든다. 또 술독은 단단하게 국도 새지 않는 것을 물을 부어 사나

---

6   서보월, 『온주법』, 경상북도 안동시, 2012, 22쪽.

온주법 표지(右)와 적선소주와 청명주 등이 실린 내용(左)

흘 우려내어 나쁜 기운을 없앤다. 쌀을 깨끗하게 씻어서 이삼일 담가 아침저녁으로 물을 갈아서 아주 깨끗하게 씻는다. 술을 빚는 사람은 몸과 손을 깨끗하게 한다. 가장 금할 것은 임신한 임부와 상을 당한 사람에게 시키지 않는다. 또 사람이나 짐승이 먹거나 도둑 맞지 않으면 만분의 일도 잘못됨이 없을 것이다.

즉 온주법은 술과 음식의 맛이 만드는 사람의 마음에서 비롯되며 그 술이 함의하는 상징은 재료와 제조의 과정뿐 아니라 술 빚는 사람의 태도에 깃들고 있음을 말하고 있다.[7]

---

7 이난수, 앞의 책, 248쪽.

책의 구성은 총 130종이며 그 중에 적선소주를 포함하여 술이 57종 수록되어 있다.

> ○ 적선쇼듀(적선소주) : 백미 3되 반을 여러 번 씻어 하룻밤 불렸다가 가루 내어 끓는 물 4말에 죽을 쑤어 둔다. 누룩가루 3되를 섞어 하지와 더위에는 3일, 겨울에는 5일을 익힌 후 찹쌀 1말을 여러 번 씻어 하룻밤 담가 쪄서 채워 밑술에 섞고 술이 익거든 4번에 나눠 증류하면 1번에 4되씩 16대야 분량의 술을 얻고 술맛이 좋다.

적선소주는 전반적으로 음식디미방의 찹쌀소주와 유사한 술법이지만, 맵쌀만을 가루내어 죽을 쒀서 밑술을 담도록 하고 있다. 이 술법에서 흥미로운 것은 덧술을 해서 이양주를 만든 후에 네 번 나누어 증류하도록 했고 이렇게 했을 때 맛이 좋았다는 것이다. 이렇게 했던 이유는 소주 고는 솥의 크기와 관련되었을 것으로 추정되지만, 업계의 추가 연구가 필요하리라 생각된다.

위에서 살펴 본 대로, 안동 지역에서 쓰여진 조선시대의 소주 제조법을 간략히 비교하면 다음 표와 같다.[8]

---

8 수운잡방과 음식디미방 그리고 온주법에서 주목되는 점은 소주를 내리기 위해 사용하는 곡물과 그 곡물을 다루는 기술인데, 안동의 양반가에서는 밀소주, 쌀소주, 찹쌀소주 등의 다양한 곡물로 만든 소주를 양조하고 그 소주들의 차이들을 알고 있었으며, 밑술은 맵쌀로, 덧술은 찹쌀을 사용하는 이양주 기법이나, 단순히 고두밥 형태가 아니라 인절미와 죽 등으로 술을 만들고 있는 등 각기 다른 양조 기법과 곡물의 성질에 맞는 술 빚기가 이루어지는 것을 보면 소주 만드는 기술과 방법이 다양해지고 진화되고 있음을 알 수 있다. 현대에 와서 우리나라의 소주는 주로 쌀과 찹쌀로만 만들어지고 이를 당연시 하는 것과는 대조적으로 조선시대의 소주 원료는 메밀, 밀, 쌀, 찹쌀, 보리, 조 등 매우 다양했고 곡물의 특징을 잘 이용해서 소주를 내렸다는 사실은 흥미로운 일이다.

안동 지역 문헌에 나타난 소주 비교

저서	시기	소주이름	밑술 주원료	덧술	제조방법	비고
수운잡방	1540년경	진맥소주	밀	–	인절미	단양주
음식디미방	1670년경	소주(1)	맵쌀	–	고두밥	단양주
		소주(2)	맵쌀	–	고두밥	단양주
		밀소주	밀	–	인절미	단양주
		찹쌀소주	멥쌀/찹쌀	찹쌀	죽/고두밥	이양주
온주법	1700년대	적선소주	맵쌀	찹쌀	죽/고두밥	이양주

조선시대 안동의 소주 생산과 소비

지역에서 소주의 제조법이 담긴 조리서가 발견되긴 했지만, 소주를 비롯한 술의 소비나 제조가 안동에서 더 활발히 이루어졌고 볼 수는 없다. 수운잡방이 기록되던 16세기에는 이미 전국에서 소주의 소비가 상당했다.

왕에게 올린 상소문 외에도 민간 서찰기록[9]에는 하급관리의 부인이 남편과의 불화로 인해 자신의 처지를 비관하며 "소주를 맵게 해서 먹고 죽고 싶다"고 했다. 심지어 출가한 딸에게 소주 한 두루미를 보내며, 자기가 마시던 소주라며 서러울 때 마시라고도 조언한다.

말단직[10]의 부인이 소주를 독하게 내릴 수 있었거나 혹은 현지에서 쉽게 구할 수 있었다고 본다면 음식디미방이나 온주법에 기록된 대로 더 좋은 맛을 내거나 더 독하고 덜 독한 소주를 내리는 등의 다양한 기술이 상당히 널리 퍼져 있었을 것이다.

---

9   순천김씨묘출토간찰. 1500년대의 생활상을 엿볼 수 있는 192건의 한글편지이다.
10   청도군 남성현의 외직인 찰방察訪으로 이름은 김훈이었다.

조선시대에 양반가들에서 사용했을 것으로 보이는 소줏고리
이 소줏고리는 1983년, 한국의 민속주 조사 당시 조옥화씨가 친정집에서 가져와 시연하던 것으로, 하나는 질고리,
오른쪽은 옹기그릇으로 기록되어 있다.

　　그러나 소주 제조법 확산과 소비가 상당했다고는 하나 소주는 다른 술에 비
해 품격있는 가양주로서 대접 받았으며 또한 제조를 위해서는 상당한 돈이 있
어야 한다는 점에서 안동의 재력있는 양반가들 사이에서는 활발하게 만들어지
고 소비되었을 것으로 예상할 수 있다.
　　안동에서 수운잡방이 기록되던 때와 동시대에 사셨던 퇴계 이황은 술에 대
해 어떤 태도를 취하셨을까?
　　퇴계는 술을 석 잔 이상 마시면 오장을 뒤집고 성격을 거칠게 만들어 미친
사람처럼 날뛰게 하므로 조심해야 한다고 경계했다. 퇴계가 제자 김응생에게
준 글을 보면 술을 경계하는 생각이 잘 나타나 있는데, "술은 사람의 화를 부
르고 내장을 상하게 하며 덕성을 잃게 하여서 자신을 죽이고 나라를 망치는
것이다. 힘써 자제하여 스스로 다복한 것을 구하라."

제자 이덕홍의 기록에 따르면 퇴계의 주량은 얼마든지 마실 수 있을 정도로 대단했지만 거나할 정도만 마셨다고 했다. 김성일의 기록에 따르면 "선생은 술을 마셔도 취하도록 마시지 않고 약간 거나하면 그만두었다. 손님을 접대할 때도 그 양에 따라 권하였으나 그 정만은 듬뿍하였다"고 했다.[11]

안동을 비롯한 조선에서 소주는 어떻게 제조되고 유통되었을까? 조선시대를 비롯해서 구한말까지 전문적으로 소주 판매를 목적으로 하는 제조는 이루어지지 않았다.

양조업 형태를 보면, 전업 종사라기보다는 주막, 여관 등의 부업적 성격이 컸고 대부분은 가정에서 빚어 먹는 경우가 많아서 가양주(자가양조용 술)와 판매용 술의 구분이 뚜렷하지 않은 가내수공업 규모였다. 또한 그때까지는 술의 제조와 소비에 국가가 세금을 부과한 적이 없었다.[12]

주막에서 주로 취급하던 탁주와 함께 간혹 약주를 비롯한 비싼 소주가 부업 형태로 만들어져서 조금 판매되었을 것으로는 보이지만 오늘날과 같은 전문 양조장이 아니었다. 즉 집집마다 형편에 따라 술을 만들어 마시는 가양주로 존재했다.

안동지역의 양반가에서도 가양주로서 소주를 생산하고 소비하였지만, 제사를 비롯한 의례에서는 소주가 거의 사용되지 않았는데, 안동대학교 배영동 교수의 연구에 따르면 소주가 누구나 빚기에는 어려운 술이기도 했거니와 오랑캐로 인식된 몽골의 술로 여겨져서 의례에 사용하지 않았을 가능성도 언급했다. 소주라는 술의 문제보다도 이를 전해준 오랑캐에 대한 터부의 기제가 발동했을 것이다.[13]

11 『조선일보』 2015년 7월 23일 기사.
12 정태헌, 「일제하 주세제도의 시행 및 주조업의 집적 집중 과정에 대한 연구」, 『韓國史硏究論選』, 서울: 韓國人文科學院, 1997, 188쪽.
13 배영동, 「안동소주 생산과 소비의 역사와 의미」, 『지방사와 지방문화』 제9권 2호, 2006, 386쪽.

04

일제강점기의
주세 정책,
전통주의 말살과
소주의 대 약진

수백년간 주로 가양주로 생산, 소비되던 안동지역의 소주는 일제강점기 이후에 커다란 전기를 맞이하게 된다.

고려와 조선시대를 거치며 화려하고 풍요로웠던 우리의 술 문화는 일제 강점기에 시행된 주세 정책으로 인해 급격하게 피폐해지고 단조로워졌다. 이 과정에서 어떻게 안동소주가 탄생하고 변모하는지를 살펴보고자 한다.

주세법酒稅法 시행: 세원稅源을 파악하다

"숨어서 만들지 마, 면허만 있으면 누구나 술을 만들어 팔 수 있어."

일본은 청일전쟁을 거치면서 간접세 중심의 조세제도가 수립되었고 1904년경에는 주세를 중심으로 한 소비세가 조세 수입의 43.3%에 이르렀다.

대한제국 시기의 술도가
막 빚어낸 누룩들과 술독들의 모습(출처 : 사진으로 본 서울의 어제와 오늘)

이런 경험으로 인해 주세의 중요성을 습득한 일본은 1905년부터 조선의 재정과 세원稅源을 면밀히 조사하기 시작했고 1909년에 최초의 소비세인 주세법과 연초세법을 제정[1]했다.

1909년부터 1915년까지의 주세법 시행 기간은 일본이 조선의 과세 대상과 세원을 면밀하게 파악하는 초기 단계였다.

이 당시에는 단순히 (1)발성주醱成酒(청주 · 약주 · 탁주 · 과하주 등) (2)증류주蒸溜酒(소주) (3)혼성주混成酒로 나누어 동일한 분류에는 제조 과정이나 품질 등을 따지지 않고 제조 신고된 쌀 사용량石數에 따라서 과세를 했다.

일본은 당시의 양조업을 '자가용적自家用的으로 유치한 상태에 있어서 아직 산업적 발달의 성성成城에 이르지 못한 채 영세한 규모'로 판단했고, 미래의 세원을 규정짓고 세금을 걷기 위한 준비의 첫 작업으로 주류제조 면허제도를 시행했다.

1909년 이전까지는 술을 제조하기 위해 면허를 얻거나 세금을 내지 않았지만, 주세법 시행 이후, 술을 만들고자 하는 사람은 누구나 주류면허를 얻도록 하고 그렇지 않은 경우에는 매우 엄한 벌금을 물도록 했으며, 관리자가 왔을 때 쉽게 확인할 수 있도록 제조장 입구에 증표를 걸도록 했다.[2]

주세법 시행 초기에 전국에서 15만6천여 개의 면허를 신청했고, 6년 뒤인 1915년에는 무려 39만여 개의 면허가 등록되었다. 이 숫자는 새롭게 술을 만들겠다는 의지를 가진 신설 면허라기보다는 엄한 관리체계로 인해 새롭게 파악된 제조장 수였다.

이 중에서도 탁주가 85% 내외로 대다수를 차지했으며, 소주 제조가 12% 그리고 나머지가 일본인과 조선인 부유층이 마시던 청주와 약주 제조장이었다.

---

1   1909년 2월 13일 법률3호.
2   정태헌, 「일제하 주세제도의 시행 및 주조업의 집적 집중 과정에 대한 연구」, 『韓國史硏究論選』, 서울: 韓國人文科學院, 1997, 189쪽. 면허 증표의 요금은 10전이었는데, 면허없이 불법으로 주류를 제조하면 2원 이상 200원 이하의 벌금을 부과했고, 불법이거나 제조 석수를 속이면 그 금액의 두 배를 벌금으로 부과했다.

일본이 조선에서 1915년까지 주세법 시행과 면허제도를 통해 무려 40만 개나 되는 세원과 조선의 주조업을 파악하는데 주력했고 실제로 이 목표를 성공시켰다.

주세령酒稅領: 가양주의 말살과 주류업계의 집적화集積化

세원 파악을 끝낸 일본은 1916년에 시행한 주세령[3]을 통해 교묘한 방법으로 40만 개의 가양주 제조자와 영세 사업자를 정리하고 규모화된 제조장의 집약 시대를 여는 동시에 우리나라 고유의 가양주 문화를 말살시키는 정책을 펼쳤다.

주세령의 주요 내용은 크게 두 가지다. 첫째는 술 제조자의 최소 생산량을 설정해서 그 이상 만들도록 규정하는 것이다. 예를 들면 1916년에 소주를 제조하겠다는 사람은 일년에 최소한 2석[4] 이상, 탁주는 5석 이상 양조하도록 설정했고, 이 정도 양의 술을 생산하지 못하면 면허를 반납해야 했다.

1919년이 되면 소주는 5석, 탁주는 10석, 1927년에는 소주와 탁주 모두 20석 이상을 제조하도록 법제화 했다. 이러다 보니 소규모 제조업자들은 자연스럽게 제조를 포기하거나 서로 합쳐서 제조장을 운영하기도 하지만 결국에는 더 큰 회사들이나 자본에 밀려났다.

영세하긴 했지만 각 지역의 특징과 양조자 마다의 차별적인 맛을 통해 시장에 뿌리 내릴 수 있었던 조선의 주류 제조자들은 이런 획일적이고 편협한 주세령을 통해 대대적으로 파괴되어 결국에는 지역별로 규모있는 양조장 몇 개씩만 남게 되었다.

주세령의 두 번째 중요한 정책은 가양주[5] 제조의 통제였는데, 자가소비를

---

3   1916년 7월 25일 시행.
4   1석(石)은 약 150kg의 곡물로서, 술을 빚는 단위로 활용되었다.
5   당시에는 자가용주(自家用酒)로 불렸다.

1899년 인천에 설립된 심견(후카미)주조장
성학소주를 만들었으며 당시 인천 지역의 소주 30%를 점했다.

위해 제조되는 술에 세금을 부과하는 것이었다.

대부분의 집에서 대소사와 명절, 제사를 위해서 상당량의 술을 직접 제조하여 사용하는 가양주 문화를 가지고 있다는 것을 일본은 일찍부터 파악하고 있었다.

민심을 고려해 처음에는 명절이나 정초, 추수기에 집에서 만들어 먹는 술은 허용했다. 대신 제한적으로나마 가양주 제조에 대한 면허제도를 신설하고 각 집마다 제조량에 제한을 두었다. 세금은 판매를 목적으로 하는 영업용 주세보다 더 많이 부과했다.

즉 가양주 제조 면허를 발급했고, 그 면허 없이는 자기가 마실 술을 만들지 못하게 금지했다. 정해진 양을 초과해서 제조할 경우는 판매용으로 간주해서 주세의 5배를 벌금으로 내도록 했다.

가양주 면허를 취득한 집은 자신의 술을 위해 세금을 낼 수 있는, 상대적으로 상류 계층에 속해 있었으며, 오랫동안 대를 이어오던 가문의 술인 경우도 많았다.

면허가 있으면 가양주를 만들 수 있다고 하니 형편이 허락되는 집안들이 너도 나도 면허를 발급 받았다. 1916년 주세령 시행 초기에 가양주 면허는 무려 30만 개 넘게 발급이 되었다.

그러나 이 역시 달콤한 미끼에 지나지 않았다. 1916년부터, 소규모 주류 양조업자를 말살시키는 정책을 폈듯이, 일본은 교묘하게도, 야금 야금 자가소비용 술에 대한 주세를 올려서 10여 년간 주세를 무려 6배에서 많게는 10배씩 올렸다. 만들어 먹는 것보다 사서 마시는 게 싸고 용이하다는 인식을 주면서 서서히 가양주 면허를 말살시키는 정책을 펼친다.

30만 개나 되던 가양주 제조면허 취득자가 1931년이 되면 단 1명에 이르고 결국 1934년에 자가소비용 면허는 폐지됐다. 법 시행 이후 단 15년 만에 전국에서 가양주를 만들던 집안은 법적으로 사실상 사라진 셈이 된 것이다.

이렇게 일본은 전국의 가양주를 사실상 없앴음에도 불구하고, 원하면 면허를 발급했다는 이유를 들어서 비난을 피했으며 동시에 시장을 통해 술을 구매하게 하는 반강제적 방책을 택함으로 주세령의 의도를 관철시켰다.

일본은 결국 대규모 업체가 주도하는 시장으로 재편하는 데 성공했고 가양주는 은밀히 만들어 마시는 밀주密酒로 전락하고 말았다.

결과적으로, 주세령의 시행 결과는 40만 개나 됐던 소규모 양조장의 말살[6]과 동시에 한 집 건너 하나씩 각자의 술을 빚는 찬란했던 우리나라 가양주 문화를 뿌리째 뽑는 결과를 가져왔다.

이 과정에서 다양성과 지역성이 두드러졌던 우리의 술이 시장 논리로 인해 획일화되고 제조자와 세무행정 중심의 생산자 시장으로 빠르게 재편되는 결과를 낳았다.

---

6   1940년에 2,874개의 제조장만 남았지만 이 또한 대부분이 주세령이 시행 된 이후에 뛰어든 자본이 있는 업체가 대부분이다.

소주의 약진

주세법과 주세령 시행을 거치면서 가장 주목되는 주종은 소주다. 1920년 이전에는 탁주에 비해 소규모 경영형태였던 소주업은 규모면에서 비약적인 발전을 거듭했다. 이 과정에는 몇 가지 이유가 있었다.

첫째, 우리 전통 누룩을 사용한 소주 제조가 일본으로부터 들여온 흑국黑麴을 사용하며 대전환을 이루었고,

둘째, 1919년의 평양, 인천, 부산 등지에 일본에서 도입된 연속식 증류기 도입을 통해 소위 신식소주新式燒酒가 출현했으며,

셋째, 경성 이북의 황해도, 평안북도, 함경남북도 등의 5도에 탁주업 면허를 폐지하고 모든 술 제조자는 소주제조업으로 강제전환 시켰다.

1940년대 제주 건입동에 설립된 동양척식주식회사의 주정공장 (출처: 한국주류산업협회)

여운형이 만들던 『조선중앙일보』
1936년 7월 5일자 기사 제목

일제는 이 과정에서 통제의 편의를 위해 지역별로 조합을 결성하도록 독려했으며, 적극적인 소주 품평회를 개최하여 경쟁을 유발시켰고, 주질 개선이란 명분으로 품질의 균일화를 꾀했다. 실제 1930년대에 들어서면 안동소주를 비롯해서 전국 대다수의 규모있는 소주 회사들이 다양한 주류품평회에서 하나같이 수상하는 기록을 볼 수 있다.[7]

일본의 집중적인 관리로 인해 소주업은 탁주나 약주와는 비교가 안 될 정도로 규모화하여 '중요공업'의 형태로 성장하게 되었다.

소주의 비약적인 발전은 업체당 소주 생산량에서 엿볼 수 있는데, 1916년 1개소당 평균 2.7석을 생산하던 것이 1933년이되면 무려 456.8석이나 되었다.

이 당시의 식자층들 사이에서는 이러한 소주의 성장세가 결국은 당국의 소규모 주류업자 말살 정책에서 나왔다며 상당히 우려를 표했다.

1927년 조선일보는 "대자본하에 희생된 십만여 주조업자, 소규모에는 절대 불허방침, 우리손을 떠나는 조선주 양조권"의 기사를 큼지막하게 실었으며 대한민국 임시의정원 의장이기도 했던 여운형이 만들던 조선중앙일보 1936년 7월5일자에서는 "이 땅 사람들은 술만 마시는가"란 평양발 제하의 글에서

소주의 역사가 말하는 기계의 승리와 중소공업의 몰락상을 보면, 20년 전 (평양의) 소주 제조석수는 51,476석이었는데 현재는 263,143석이니 이땅의 사람들은 술만 마시었는지 실로 5배로 격증하였다. 당시의 제조자는 18,229호로

---

7   정태헌, 앞의 글, 206쪽.

44

(평균)제조석수는 2석에 불과하였는데, 현재는 제조석수의 격증에 반하여 제조
자는18,000여 호가 격감하여 불과 217호에 불과하여 평균 제조석수는 실로 1천
1백석으로 올렸으니 이것은 재래의 가내공업적 소규모의 양조자가 도태되고 대
자본에 의한 기계 소주가 압도적으로 군림한 [소주공업사]의 반영이라 한다.

며 한탄했다.

안동의 초기 양조 기업인들

　일제 강점기 초기까지의 조사로 보면 전국적으로 판매를 목적으로 술을 제
조하기 위해 면허를 신청한 수는 39만여 곳, 가양주로서 자가 소비를 하겠다
고 면허 신청을 한 수는 30만7천여 호에 달할 정도였다. 합치면 전국의 주류
면허가 70만여 개였으니 얼마나 양조자가 많았는지 짐작이 되고도 남는다.
　조선시대 말부터 일제 강점기가 시작되는 초기에 안동 역시 적지 않은 사람
들이 가양주를 빚거나 부업으로 술을 빚는 일에 종사했다.
　영업 목적이건 자가소비용이건 간에 면허 소지자가 가장 많았을 때가 1916
년 전후였는데, 이 시기를 막 벗어나 상당한 수의 소규모 업자들이 폐업했을
것으로 보이는 1926년의 안동 양조업자의 수는 625명으로 파악되고 있다.

주종	지역	업자수	생산량(석)	주세납부액(원)	비고
소주	안동면	1	150	3,450	판매금액은 대략 3만원으로 집계. 1921년, 40여개에 달하던 소주 주류업자가 면허 박탈
탁주	안동면	96	3,230		
	와룡	28	619		
	북후	27	614		
	서후	31	444		

탁주	풍산	40	1,027	
	풍북	14	284	
	풍서	29	631	
	풍남	23	469	
	일직	49	1,129	탁주 판매 금액은 당시로서는 거금인 303,500원으로 조사되어 떠들썩했으며 당시 안동군은 19개면에 인구는 대략 15만명이었다.
	남후	25	512	술을 위해 군민 1명당 평균 15kg 이상의 쌀을 소비했다고 볼수 있다.
	남선	13	271	이 당시 탁주회사의 수는 624개였고 이 때를 기점으로 급격하게 줄어들지만 술 소비량은 증가한다.
	임하	38	843	37,937
	길안	48	1,073	
	임동	40	928	
	임북	22	463	
	동후	10	200	
	예안	59	1,549	
	도산	23	485	
	녹전	20	406	
합계		625	15,175	41,387

1920년 소주제조자 40여 호가 면허를 박탈당해서 소주 업체는 1개로 조사되어 있으며, 탁·약주 소규모 주류업자들도 규제로 인해 이미 문을 닫을 즈음인 1926년에 조사된 업체와 생산량. 이때까지만 해도 안동을 비롯한 전국의 탁주 소비가 소주를 월등하게 넘어섰으나 조선은 차츰 탁주는 줄고 소주 소비시장으로 변하게 된다.

안동의 주류제조면허기록부
1902년 권상락의 탁주 양조를 시작으로 몇 번의 주류 면허 갱신을 통해 오늘날까지 4대가 가업을 잇고 있는 회곡양조장의 면허기록부. 2022년 10월 21일, 창립 120주년 기념행사가 열렸다.

05

일제 강점기의
안동소주

안동 양조업계의 두 거물

상당히 많은 소규모 주류업자들이 도태되면서 안동에서도 서로 합쳐서 세를 불리거나 혹은 규모가 있는 몇 개의 양조 회사들이 자본금을 모아서 설립되었다. 이 당시 주류 제조업에 종사했던 회사들은 탁주와 약주를 주로 생산한 예안주조주식회사, 소주를 만들던 안동주조주식회사(1923), 술 제조용 입국을 만들던 안동곡자주식회사(1930), 안동양조주식회사, 경안양조주식회사(1928), 1902년에 시작해서 1937년에 면허를 갱신한 탁주 제조회사 회곡양조장 등이 지금도 기록으로 확인 할 수 있는 양조장들이다.

인물광고 형태로 실린 윤좌형의 기사(『조선일보』, 1939) 1920~30년대에 왕성하게 활동한 윤좌형은 자수성가한 안동의 대표적 기업가였고 여러 주조회사에 투자하고 경영에 참여했다.

주세령이 시행되고, 주류 사업에 빠르게 진입한 사람들은 안동의 자본가와 유지들이었다. 이들은 주주를 모으고 상당한 자금을 출자해서 주식회사를 만들어 사업을 시작했다. 지금까지 확인된 1920년대의 주류사업가는 첫째 경안양조(주)와 안동곡자(주)를 설립하고 사장을 역임한 윤좌형尹佐衡이다. 그는 당시 가장 성공한 실업가로 인정받았으며, 안동주조조합장을 거쳤으며 안동읍회의원으로도 선출되었는데, 당시에는 안동양조업계의 대부로도 불렸다.

동생인 윤세형과 함께 설립한 경안양조는 자본금 5만원으로 1928년에 설립되어 해방이후까지 안동의 대표적 탁주회사로 자리매김했는데, 대구세무당국의 비호 아래 안동읍 내에서 독점적 지위를 누렸다. 실질적으로 일제 강점기 내 안동의 가장 큰 양조회사로 군림했으며, 1930년대에는 연간 6천석의 탁주

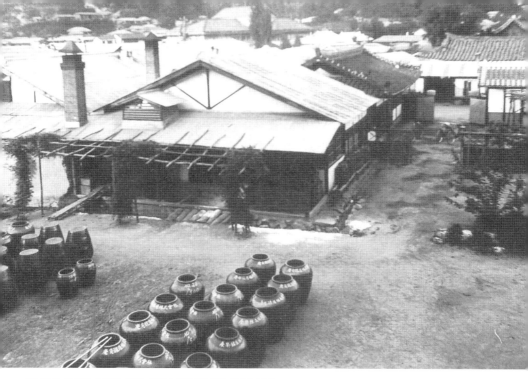

윤좌형과 윤세형 형제에 의해 설립된 경안양조(주) 전경(1928)
안동읍의 독점적 지위를 통해 연간 6천석의 탁주를 생산했다. 이 자리는 나중에 경안맨션이 들어섰다.
(출처: 윤창, 『사진으로 보는 20세기 안동의 모습』, 안동시, 2000.)

를 생산했다. 당시의 여러 기록에는, 경안양조의 독점적 생산, 판매로 인해 안
동읍 주민 다수가 이에 불만을 가지고 있었다. 1935년에는 시민 천여명의 연
대 서명과 함께 시민 주주를 모아서 주식을 발행하고 제2의 탁주회사 설립을
요청하는 시민대회를 열었지만 세무 당국은 이런 저런 이유로 받아들이지 않
았다.

안동 주류 업계의 또다른 인물은 안동주조의 설립자이자 윤좌형과 함께 안
동곡자(주)의 주요 주주였던 권태연權台淵(1880~1947)을 꼽을 수 있다.

권태연은 안동소주를 언급할 때 빠질 수 없는 가장 중요한 인물로서 그의

崇敬の的
菊山臺淵氏

권태연을 소개하는 신문 기사 (『조선신문』, 1940.7.26)

후손이나 그 때를 기억하는 다양한 증언들은 한결같이 위인전에나 나올 듯한 미담들을 얘기하고 있다.

권태연은 대한제국 시절인 광무5년(1901) '법무주사사판임관육등'에 임명되고, 그 다음해에 6품에서 정3품으로 승품되며, 1904년 10월 6일자로 임비원검무관서주임관육등 정삼품任秘苑檢務官叙奏任官六等 正三品[1]에 임명되었다.

그의 재력과 영향력은 상당했다. 조사에 의하면 1930년대 그의 토지는 전국에 걸쳐있는데 478필지 288,164.7평, 임야는 1,369,900평이었다.[2] 1917년 4월 15일에는 일본이 정재계 유력인사들을 대규모 만주시찰단으로 구성할 때 안동을 대표해서 만주 시찰을 다녀오기도 했다. 그 이후 1920년 전후부터 십여 년간 그는 경상북도평의회원으로 있었으며 1926년에는 안동면민들의 요청으로 면협의원이 되기도 했다.

사회적 지위와 재력을 바탕으로 그는 이즈음 매우 왕성한 사업들을 펼치기 시작한다. 1923년 안동주조를 시작으로 1925년 9월 28일에는 안동 최초의 전기 발전 사업을 시작했으며, 1926년 5월 30일에는 안동금융조합을 신세동에 설립하고 조합장이 되는데, 이 조합은 일본의 비호 아래 안동의 민간 자본을

---

1 『황성신문』1904. 10. 10자에 공고.
2 배영동, 「안동소주 생산과 소비의 역사와 의미」, 『지방사와 지방문화』 제9권 2호, 2006, 388쪽.

움직이는 중요한 역할을 했다. 1930
년에는 사업가인 윤좌형과 함께 안
동곡자(주)라는 곡자(누룩)를 만드는
주류 회사를 하나 더 설립하고 1934
년에는 안동세무서관내(안동, 청송,
영양)의 모든 주류회사를 모아서 주
조조합을 창립하기도 했다.

사업 뿐 아니라 그는 안동과 그 지
역 주민들에 대한 봉사에도 열심이
었다. 불교청년회(1916)와 안동청년
회(1920)를 창립하고 안동고보(1933),
안동고보여학교(1942)를 설립하는데
자신의 지위와 재산을 기꺼이 활용
해서 지역 사회의 귀감이 되었다.

국산태연으로 창씨개명한 권태연에 대한 기사
그는 안동여고 설립에 지대한 공을 세웠는데, 안동여
고 설립을 주도하는 동시에 당시 거금 일만원을 기부
하기도 했다.(1940.7.)

1934년에는 안동에 역대 가장 큰 홍수가 났는데, 이때 본인은 물론이거니와
본인이 사장이거나 투자하고 있던 안동주조, 안동곡자(주) 등을 동원해서 수
해민 구휼에 인력과 자금을 아끼지 않았다.

안동주조주식회사安東酒造株式會社

안동주조주식회사는 1923년에 정식 설립되었다. 이 때는 안동의 소주업계
를 비롯해서 주류 제조자들에게 큰 변화가 일던 즈음이었다.

탁주를 제조하는 업자들의 경우, 술을 만드는 도구라 해야 고작 술 담는 항
아리, 술밥 찌는 질시루, 뒷박, 용수, 자배기가 거의 다였고, 소주의 경우 역시
토고리를 이용해서 재래식 소줏고리로 내리는 제조방법이 대부분이었다. 그러

지금은 1920년대 천리천의 맑고 아름다운 물을 상상할 수 없지만, 그 당시 안동소주의 맛의 비결은 목성산에서 흘러온 물에서 나온다고들 믿고 있었다. 사진에는 1980년대 즐비했던 포장마차와 빠르게 오염되던 천리천이 보인다. 나중에 복개를 해서 이젠 볼 수가 없다. (출처: 사랑방안동, 1989)

다 보니 주세법과 주세령을 통해 강화된 주류 품질의 단속은 영세업자들을 강제 도태시켰다.

반면 1890년대부터 조선에 진출한 일본인들은 개량찜통, 솥, 법미기, 여과기는 물론, 증류기와 정류탑 및 각종 사관蛇管을 구비한 공장들을 전국에 설립했는데, 안동 역시 이러한 근대적 공장제의 변화를 빠르게 받아들였다.

일본 기업인들의 주조업 진출과 성공은 술 만드는 일을 천히 여기던 당시의 조선인 지주층과 상류층에게 자극이 되었고, 소규모 양조장들이 몰락하는 시점에서 각 지역의 신흥 재력가들이 속속 주조업에 진출하기 시작했다.

안동에서 오랜 토착 지주였던 권태연과 신흥 사업가 윤좌형도 이러한 영향을 적잖이 받았을 것으로 보인다. 특히 이들의 대규모 주조사업을 도운 사람은 안동 서문 외리에 살던 권태○權泰○, 권중○權重○, 권상○權相○라 할 수 있다.

1921년 당시 안동에는 40여명의 소주 제조업자가 있었는데, 권태○ 등 3명이 군청에 '작업'을 해서 이들의 면허는 박탈되고 영업이 폐지됐다. 소주를 만들어 생계를 유지했던 40여 업자와 '길에 나 앉게 된' 그의 가족은 이백여 명에 달했다.

수십 개의 면허가 박탈된 1921년에 이들 3명은 소주 제조업을 시작해서 안동 전역에 소주를 팔기 시작했는데, 권태연과 윤좌형 등의 자본가들이 참여한 안동주조가 신설되면서 이들은 안동의 양조, 곡자 업체의 임원에 이름을 올리며 함께하게 된다. 즉 안동주조는 안동의 소규모 소주업체들을 폐업시킨 후 탄생하는 산업화된 최초의 안동소주 회사가 되는 것이다.

신문에 난 안동주조의 상업등기공고
(1926.4.)

이는 당시 일본이 한반도 전체에서 진행하고 있던 주세 정책에 편승한 소기업 말살과 가양주 소주의 도태를 꾀하는 시기였는데, 안동소주의 출발점이 그 대표적 사례가 아닐까 여겨진다. 1926년에 조사된 소주 제조 업체 한 곳은 안동주조를 가리켰다.

안동소주安東燒酒의 등장

안동주조는 1923년에 남문동 184-4번지에 자본금 오만원으로 설립되었다. 백여평의 대지를 비롯해서 그 인근의 부지에 공장과 작업장들을 설치했다. 현재 안동찜닭골목 입구를 비롯해서 제비원상가가 있는 곳으로 추정된다. 주변에는 목성산에서 내려오는 천리천이라는 맑고 술 만들기에 적합한 내가 흐르고 있었다.

그 당시 평양, 인천을 비롯해서 소
주 소비가 많은 북쪽의 회사들이 자
본금 수십만 원으로 사업을 한 것에
비해서 안동주조의 자본금 5만원은
작은 규모라 할 수 있다. 하지만 주
요 투자자였던 권태연이 소유했던 서
울과 안동 등지의 29만여평 지가가 3
만8천원 정도로 조사된 것과 비교하
면 상당한 규모라 하겠다.

설립 후 얼마되지 않았지만 성장

『조선일보』에 기록된 안동의 1930년
배고픔으로 허덕이던 당시 안동의 참상을 자세히 전하고 있다.

세가 상당했는데, 1926년 조사에 의하면, 안동주조는 연간 소주 160석(총 판매
가 3만원), 약주 30석, 소맥분(밀가루)으로 만든 곡자는 6천두斗였다.

술 찌꺼미와 부산물을 소비하고자 부업으로 양돈도 같이 했는데, 오십마리
의 돼지를 키웠다. 1930년대에는 소주 생산량이 연간 1천석으로 증가했다.

당시의 신문 기사를 보면, 이 회사가 가장 크게 성장하고 안동소주의 생산
으로 이름을 날리기 시작하던 1930년, 안동 군민의 경제 사정은 상당히 어려
웠는데, 초근목피로 연명하고 심지어 안동읍내에서는 먹을게 없어서, 돼지를
먹이기 위해 쌓아둔 안동주조의 술 찌게미를 마지못해 가져다 먹는 사람이 상
당했다.

안동주조의 술 찌개미는 소주 제조를 위해 모든 전분을 발효하고 남은 찌꺼
기여서 식용으로 쓰기가 쉽지 않았을 것으로 예상되며, 1928년에 설립된 경안
양조의 술막지는 가져가려는 경쟁이 더 치열했다.

안동주조는 소주와 약주를 생산했다.

약주의 생산량은 얼마 되지 않았지만 이름은 감로甘露였으며, 소주는 안동
소주安東燒酒란 이름으로 생산되었다. 공식적인 최초의 안동소주 상표인 셈이

다. 안동소주는 두가지로 구분되어 판매되었는데, 하나는 송학이 그려진 것이 었고 다른 하나는 제비원의 불상이 그려졌다. 제비원이 그려진 안동소주를 '연 미원'이라 이름 붙였고 안동사람들은 이를 '제비원'표 안동소주라 불렀다.

안동소주가 사용한 누룩

안동주조가 설립되기 전 수백년간, 안동의 소주는 전통적인 방식의 밀 누룩 을 사용했다. 하지만 안동주조는 흑국[3]으로 소주를 만들었다. 타 지역보다 앞 서 새로운 누룩을 도입한 것이다.

안동 사람들은 안동소주가 '이름을 잃었다'며 아쉬워하기도 했지만 새로운 맛에 곧 익숙해졌다.

1920년대 후반부터 일본 정부가 장려한 주류품평회의 소주 부문을 조사해 보면, 크게 재래 소주, 흑국 소주 등으로 구분해서 시상을 했는데, 안동소주는 모두 흑국 소주 부문에서 수상했다. 안동주조는 직접 흑국을 생산해서 소비했 으며 안동곡자회사는 입국을 생산해서 인근의 탁주회사들에 판매했다.

조선시대에 주막이나 여관 같은 곳에서 사용하기 위해 부업 형태로 술을 만 드는 사람들이 있던 것과 마찬가지로, 술을 만들기 위한 누룩 역시 메주와 같 이 자가 소비용이거나, 동네 이웃들의 주문에 의해 만들어 졌다. 1909년 주세 법과 주류면허 제도가 시행되는 즈음에 이르러서, 양조업과 마찬가지로 전국 적으로 다양한 곡자회사(누룩공장)들이 설립되었다. 재래식 누룩을 만드는 업 자는 물론이거니와, 일찍부터 일본으로부터 흑국 기술을 도입하는 회사들도 생겨나서, 1908년에는 누룩없이 술을 만든다해서 화제가 되기도 했다.

---

3 흑국균(黑麴菌, 학명은 Aspergillus niger)이란 일종의 누룩 곰팡이로서, 일본이 술 제조를 위해 추출한 고지(koji)의 일종으로 포자가 검은 색을 띠어서 붙여진 이름이다. 곡물의 전분을 당으로 전환시키는 당화력이 강해서 이 당시 소주 제조 공장에서 흔히 썼다. 지금은 흑국균의 변종인 백국균을 주로 사용한다.

우리의 전통 누룩

1920년대 후반들어서 소주업체들의 집약과 대규모 생산, 소주 개량의 다양한 목적에 부응한다는 이유로 이 흑국 소주가 전국에 급속하게 퍼지게 되었고 안동에 1923년에 설립된 안동주조의 소주는 이런 개량 소주인 흑국 소주를 생산하게 된다.[4]

1926년 안동의 민간 산업생산 3대 항목을 보면 1) 주류 육십만원, 2) 곡분국자穀粉麴子 오십만원 3) 안동포 삼십오만원이었는데, 이를 통해 보면 이미 술과 함께 개량화된 누룩의 사용이나 판매가 상당한 규모였음을 알 수 있다.

안동주조와 별개로 1930년에 안동주조의 투자자들이 참여해서 만든 안동국자(주)의 경우, 당시까지 사용하던 전통 누룩과는 다른, 일본에서 도입된 흩임누룩을 제조했다.

1940년경으로 추정되는
송학표 안동소주 상표와 병
초기에는 25도와 35도가 출시되었는데, 해방 전후 경에 30도가 추가되어 판매되었다.

이때 사용한 효모는 백국균으로 예상된다. 1940년의 신문에서는 이 회사의 제품에 대해 다음과 같이 언급하고 있다.

이곳에서 생산하는 제품은 "흩임누룩[5] 제품으로 탁주 및 약주 원료로도 같이 사용할 수 있다. 이 흩임누룩은 발효력이 왕성하여 순조롭게 술을 만들 수 있는데, 안동군 일원 및 청송군 대부분이 공급받아 연간 사용량이 40만 개를 돌파하는 등 성황을 이루고 있다."

---

4   재래식 누룩에 비해 흑국을 사용할 경우, 술의 맛은 단조로울 수 있지만, 가볍고 깨끗한 맛을 내기 용이하며 대량의 술 제조에 편리하다.
5   이 흩임누룩은 막걸리와 약주 생산을 위해 오늘날에도 많이 사용하는 것으로 찐 쌀이나 옥수수, 밀가루 등에 백국균을 접종해서 만든다.

안동소주 송학

송학은 1930년 경북주류품평회에서 우등상을 받았고 특히 1930년, 1938에는 일본 동경에서 개최한 주류품평회에서 수상했는데, 이 소식은 일본 현지 특파원의 전화 송고로 다음날 우리나라 신문에 소개되었다. 이 때 일본에 출품한 소주는 알콜 25도로서 '청주淸酒급'으로 부드러웠다고 기록되어 있다.

송학은 25도와 35도 두 종의 소주가 시판 되었다. 이 당시 이미 조선 전체에는 경기불황이 심해서 저가의 소주가 빠르게 확산되었는데, 신식당밀소주라 불리는 희석식 소주 제조 공장들이 성황을 이루고 시장을 파고 들었다. 그럼에도 불구하고 안동소주의 주 상권이었던 경상북도 북부의 각 군에는 송학35도의 인지도가 높았고 이를 바탕으로 연간 천 석 정도의 생산을 하고 있었다. 1930년대 초의 기록에 송학의 수상과 판매 기록이 자주 등장하는 것으로 보아 상당히 고급 소주로 인식되었던 것 같다.

이 송학표 안동소주는 나중에 다른 안동소주 업체들의 상표로 재 등장하기도 했다.

'제비원'표 안동소주

제비원 석불石佛을 상표로 한 안동소주는 이 회사의 대표 소주이자 안동을 넘어서 전국으로 인지도를 넓힌 안동소주의 대표 브랜드라 할 수 있다.

상표에 붙여진 그림으로 인해 이 소주의 이름은 지금도 제비원 안동소주라 부르고 있는데, 당시의 여러 공식적인 기록에서 이 소주의 이름은 '연미원燕尾阮'으로 표기해 불리웠고 한글로는 '제비원'으로 기록하고 있다.

수상 기록등에 기재된
'연미원' 소주

제비원표 안동소주는 경북도내는 물론, 1929년 전조선 주류 품평회에서 동상, 1930년 전국의 소주 품평회에서 1등을 하는 등 지역을 넘어 전국에서 인지도를 넓혔다.

1930년대 안동주조의 품평회 수상실적을 일부 보면 다음 표와 같다.

1930년대 안동주조의 품평회 수상실적

연도	품평회	제품	업체	수상내역	비고
1930	일본 동경 주류품평회	송학 25도	안동주조	수상	제조방법 청주급
1930	소주주류품평회 흑국부문	연미원	안동주조	1등	재래소주에서 의성양조가 2등
1930. 10.6	경북주류품평회 우등	송학	안동주조	우등	
1934. 11. 6	조선주류품평회	약주 (감로) 안동소주 안동곡자	안동주조 안동주조 안동곡자	우등 입선 우등	의성에서 개최되었고 탁주의 경우 안동의 여러 제품이 수상함
1935. 11	대구 전선주류품평회 6회	안동소주	안동주조	우등	
1936. 11	조선주류품평회	안동소주	안동주조	수상	안동세무서 낙성식 축하 기념으로, 안동에서 개최된 최초의 주류품평회

이미 언급한대로, 안동소주는 흑국 누룩을 사용했는데, 흑국용 원료는 밀이었고 덧술의 주 원료는 쌀이었는데, 상표에는 밀과 쌀 2종의 곡물이 그려져 있어서 이를 표현한 것으로 보인다. 일본의 곡물 수탈이 심해지고, 희석식 소주가 시장을 잠식해 가는 과정에서도 안동소주는 순곡물 증류식 소주를 지켜 나갔다.

이 당시 소비자들 사이에서 재래 누룩으로 만든 소주와 흑국을 이용한 흩임 누룩소주 중 어느 것을 더 선호했는지 알 방법은 없으나, 흑국으로 만들 경우 대량 생산이 용이하고 가격 경쟁력이 뛰어나서 생산자뿐만 아니라 소비자 수용도도 빨랐다.

1930년대 언론에 등장하는 '제비원'표 안동소주의 상표
조선명산 안동소주를 한글로 적고 제비원 미륵석불을 그려넣은 상표에는 한문으로 燒酒가 가운데 크게
적혀 있다. 곡물로는 한쪽에 밀 이삭을. 다른 쪽에는 쌀 이삭을 그려 넣었다.

심지어 전세계적인 경기불황과 맞물려 일찍부터 값싼 당밀을 대만으로 부
터 수입해서 저가의 희석식소주를 제조하는 업자들이 많이 생겨나서[6] 소비층
을 크게 확대했다.

즉, 소주 시장은 맛이나 가격을 차별화 하면서 (1) 재래 누룩으로 만드는
증류식 소주, (2) 흑국으로 만드는 증류식 소주, (3) 당밀 등 저가 원료와 공장
화된 대규모 시설로 만드는 희석식 소주로 분화되면서 소주는 시장규모의 폭
발적 증가와 함께 한치 앞을 내다 볼 수 없는 경쟁구도로 진입하기 시작했다.

그 와중에서도 안동주조가 만든 제비원표와 송학표 안동소주는 지역 상권
을 공고하게 지켜내며 입지를 다졌다.

안동주조의 소주 제조용 곡물 사용량이 1925년 150석에서 1930년대에는
연간 1천석이라고 조사되었는데, 이 양은 약 150톤 정도 규모로서, 당시 이
회사가 만들던 소주(25도와 35도, 45도 생산으로 추정됨)로 계산해 보면 35도 알코
올 함량의 360ml 약 70만여 병이 나오는 분량이라 할 수 있다. 1930년대로
보자면 적지 않은 양이라 할 수 있다.

6   증류식 소주 제조업자들의 전국적인 저항 운동에도 불구하고 세무당국은 법적으로 허가를 내주었다.

하지만 아쉽게도 더 이상의 성장은 없었다. 다른 지역의 소주가 수만~수십만석을 생산하는 대규모 생산체계를 갖추거나 희석식 소주 생산으로 탈바꿈해 가는 과정에서도 안동소주는 설립할 당시의 규모와 제조 방식을 고수했다. 허가된 판매 구역을 벗어나 타도로 진출하는 방안이나 생산량의 확대를 꾀했지만, 세무당국의 불허 방침으로 인해 생산 확대를 하지 못한 것도 회사가 더 이상 성장하지 못하게 된 원인 중 하나라 할 수 있다.

1923년 설립 후, 여러 번 회사의 주인은 바뀌었지만 제비원표 안동소주는 계속 출시가 되었다. 상표는 상황에 따라 조금씩 변형되었지만 대부분이 1920년대 초기부터 디자인된 제비원의 풍경과 불상이 들어있는 라벨을 그대로 모방했다. 신문이나 기록에 연미원이라 표기했던 이름은 자연스럽게 제비원 소주로 쓰이고 연미원 소주는 기억에서 지워졌다. 현대에 이르기까지 한국의 주당들 사이에서는 향수에 젖어, 제비원 소주에 대해 많은 애깃 거리를 양산하며 오늘에 이르고 있다.

여기에서 주목해야 할 것 중 하나는 제비원 석불을 상표로 사용한 이유다.

안동주조가 제비원의 풍경을 상표로 사용한 것은 단순히 제비원이 안동의 명소여서가 아니라 당시의 제비원이 갖는 상징성과 대중성을 고려한 선택이었으리라 예상한다. 의도하지 않았다 하더라도 이 상표는 지금의 마케팅 관점에서 봤을 때 대단한 흥행요소였다.

당시의 제비원은 단순한 명소가 아니었다. '전설의 공간'이자 '신화적 공간'이기도 했다.[7] 지금은 대형 건물에 익숙해져 있지만 당시 거대한 석불을 본 사람이라면 누구를 막론하고 경외심과 함께 궁금증을 갖게 되며, 본인이 봤던 것을 타인에게 전달했다.

여기에 더해, 제비원이 성주신城主神의 본향本鄕이라는 신앙이 오래전부터 널리 퍼져 있었고, 이러한 민속신앙의 중심에 제비원 미륵석불이 자리하고 있었다. 이즈음 토속민요이자 성주굿에 불리던 〈성주풀이〉가 유흥의 현장에서

---

7   조현설, 『제비원』, 서울: 민속원, 2021, 30쪽.

안동의 상징과도 같았던 제비원 석불과
그 앞을 지나는 사람들
이 때의 안동소주는 제비원 석불의 온화한 미소를 상표에 담으면서
안동이란 도시의 상징성과 함께 석불이 갖는 영험함을 잘 조화시켜
전국적인 명성을 얻었다고 평가받는다.

안동소주가 출시되던 때, 안동의 상징과도 같았던 제비원 석불

전문 예인이 부르는 신민요神民謠로 만들어지고 녹음이 되어서 근대적 미디어인 축음기나 라디오로 까지 만들어져 전달되었는데, 이로 인해 제비원은 더더욱 유명세를 타게 되었다.

안동소주가 출시되고 있던 즈음, 제비원에 대한 기사나 언론의 언급들이 상당히 많이 나오는데, 조선'동포의 혀 끝에 잘 왔다갔다하는 성주풀이',[8] '초동목수樵童牧竪의 일상日常 회구膾炙하는 속요俗謠에도 오르내리는 유명한 경상도 안동慶尙道 安東따 제비원燕尾院'[9]이라고 할 정도로 제비원은 핫플이자 안동의 상징이었다.

안동소주 상표에 그려진 제비원은 안동을 상징하기도 했지만, 그 술을 마시는 사람들은 엄청난 크기의 석불을 비롯해 석불이 만들어진 기이한 전설과 제비원이란 이름이 붙여진 연유에 대해서 자연스럽게 얘기 꽃을 피웠으리라 예상할 수 있다.

종합해 보면, 현재까지도 안동소주란 이름과 그 명성을 있게 했던 시대는 아이러니 하게도 우리 술 역사에서 암흑기가 시작되던 일제 강점기였다.

일본에 의해 술의 다양성이 사라지고 원료의 획일화가 이루어지고, 기계에 의존하는 희석식 소주가 등장했다. 여기에 더해서 전세계적인 경제공황과 일본의 전쟁으로 인해 원료수급은 점점 어려워지고 소주 가격은 급등했다.

안동주조는 비록 일본의 주세령에 희생된 안동의 소주 제조업자들을 밟고 설립되긴 했지만, 빠른 자본화를 바탕으로 해서 개량화된 소주 제조 기술, 안정적인 흑국 효모 사용, 특히 끝까지 순곡물 소주의 고수, 거기에 더해서 다양한 광고와 홍보들을 통해 적극적인 마케팅을 펼쳤다.

안동을 아는 사람이면 제일 먼저 떠올릴 지역의 대표적인 명승지인 제비원을 상표로 내세우며 제비원=안동소주란 공식을 만드는데 성공했다.

당시 훨씬 큰 규모로 소주를 생산하던 마산소주, 부산소주, 인천소주, 개성

---

8   『동아일보』, 1927년 3월 16일.
9   『동아일보』, 1936년 8월 27일.

소주, 평양소주 등의 지역 대표 소주들이 시간이 지나면서 잊혀져 갔다. 하지만 변함 없던 안동소주의 브랜드 전략은 희석식 소주만 우리 땅에 남아있던 1980년 초까지 전설이 되어 회자 되었다.

우리나라 경제 여건이 좋아지고 생산된 쌀이 남아돌게 될 즈음, 우리도 이제는 전통을 간직한 순곡물 증류식 소주가 필요하다는 논의가 시작되면서, 언론과 음식 전문가들은 안동에서 생산되었던 바로 그 제비원 상표를 기억하며 복원에 대한 공론의 장을 마련하기 시작했다.

1962년에 김익기가 등록했던 상표권
(안동제비원미륵표)

해방과 안동소주의 변천

1920년 후반부터 1930년대 말까지 안동주조가 생산하던 안동소주는 상당한 규모의 양산 체제를 이뤘고, 다양한 품평회 수상, 품질의 안정화로 화려한 시기를 구가했다. 하지만 경제난과 곡물수급의 어려움, 저가 희석식 소주의 팽창으로 안동소주는 명맥을 유지하는 선에서 성장을 멈추는데, 이는 안동소주 뿐 아니라 전국의 증류식 소주 대부분이 그랬다.

설립 초기에 권태연이 대주주로서 대표를 맡아 운영했지만, 몇 해가 지나면서 회사의 임원이자 동업자였던 자수성가 사업가 윤좌영이 회사를 맡고, 양조업계의 실제적인 막후 실력자였던 권태○, 권중○ 등이 전무와 임원을 맡으면서 운영했다. 1937년에는 사장이 김두현, 전무는 서병노였으며 연간 1천석의 소주를 만들었다. 하지만 더 이상 회사의 규모가 커지거나 생산량의 확대는 이루어지지 않았다.

1945년 해방과 더불어 안동을 비롯한 전국의 주류업계도 변화를 맞이했다.

해방 직후 사회적 혼란으로 많은 양조장들은 문을 닫고 생산을 중단하게 되고 반면 밀주 단속으로 씨가 말랐던 소규모 술 제조자들과 가양주가 일시적으로 해방을 맞이했다. 나라만 해방된 것이 아니라, 술 제조를 강제하는 어떠한 법적 구속력도 사라지고, 한동안 만들고 싶은대로, 마시고 싶은대로 만들어 마셨다.[10] 한 시절을 풍미한 막소주의 시작이기도 했다.

일본 자본과 경영권은 빠르게 퇴출됐다. 1910년 경부터 물밀 듯 들어온 일본의 자본은 청주, 맥주, 희석식 소주 공장들에 투자되고 성장을 했는데, 해방과 더불어 철수를 했고 그들이 남긴 공장이 잠시 멈칫거렸지만, 한국인 공동 투자자 혹은 공장 기술자들에 의해 재가동 되었다.

미 군정하에서 일본인이 남긴 공장은 군정청軍政廳의 관리지배인 지정을 받아야 했는데, 사실상 '먼저 차지하는 놈이 임자'인 상황이었다. 동양맥주, 기린 맥주, 조선맥주, 백화수복, 보해양조 등이 그랬다.

안동의 경우, 윤좌형과 권태연에 의해 만들어졌던 안동곡자(주)도 1940년경 일본 대자본인 조선주조(주)로 넘어가서 운영되고 있었는데, 해방과 함께 안동세무서 관내의 3개 군(안동, 청송, 영양) 주류업자들이 새롭게 주조조합을 결성해서[11] 인수하여 운영하기도 했다.

권태연으로부터 시작되었던 안동주조의 안동소주는 해방 즈음에 김익기가 인수하여 운영했다.

김익기金翼基는 권태연이 그랬던 것처럼 1947년, 안동금융조합장을 거쳐 1948년 민주국민당 소속의 제헌국회의원으로 당선되었고 4선까지 당선되었

---

10 해방 후 미군정 관리가 보고한 기록에는, "해방 후 한달이 지났는데도 한국사람들은 일터로 돌아 갈 생각을 하지 않고 밤낮으로 술을 마시며 축하하고 있다"고 했다. 얼마나 기뻤을까, 마침 해방 후 한 달 좀 더 지나 추석도 있긴 했지만, 오랜만에 마음껏 만들어 마실 수 있는 자유란.

11 1934년에 권태연이 결성한 주조조합은 일제 강점기에 만들어진 것이었고 조합이 만든 신축 건물 도 있던 터였는데, 해방과 함께 형식적이긴 했지만 새롭게 조합을 결성했다.

1960년대 초 순곡물로 만들어지던 때의
마지막 제비원소주
안동소주로 쓰였던 소주 이름이 어느덧 제비
원소주란 이름으로 바뀌었다.

다. 대단한 재력과 정치력으로 안동의 실
력자였던 김익기가 대표였지만, 실제로는
그의 동생인 김석기金錫基가 전무란 직함
으로 회사를 총괄하고 운영했다. 안동소
주의 명맥을 잇는데는 기여했지만, 당시
의 증류식 소주를 찾는 소비 환경은 그리
녹록치 않았다.

해방 전에는 전쟁으로 인해 불황이 장
기화 되었고, 일본의 곡물 수탈은 심했으
며, 저가 원료로 만드는 희석식 소주가 주
류를 이루었다. 해방 후에도 식량난과 사
회적 혼란으로 인해 주류업계의 불황은
별로 달라지지 않았다. 1940년대 후반까지 꾸준히 신문에 내던 안동소주 광고
도 한국전쟁이 있던 1950년부터는 자취를 감추어 더 이상 찾아보기 어렵게
되었다.

해방 후 시행된 1949년의 주세법을 보면, 일제시대의 주세 규정을 거의 그
대로 물려받는데, 소주는 "주박酒粕이나 변질
주류를 증류하거나 재무부령이 정하는 곡류를
사용하여 증류식 소주를 제조하는 것, 그리고
주정을 물로 희석하는 방법"이라고 규정하고
있다. 이를 보면 이 당시의 소주의 범위는 증
류식과 희석식 소주를 모두 내포하는 개념으
로 정립되었다. 이미 일제 강점기를 거치면서
곡물의 증류식 소주보다 저가의 희석식 소주
가 크게 성장했는데, 1959년의 소주 출고 실
적조사를 보면 증류식소주가 76,442석인데 반

1956년에 동흥양조합자회사가
상표등록한 선어대소주
제비원소주의 판박이다.

조흥주조에서 만들던 안동소주 상표

해 희석식 소주는 무려 499,962석으로 6.5배가 많았다.[12]

1950년대 후반부터 1960년대 초까지, 전쟁의 상처가 조금씩 아물 즈음에 안동에서는 선어대표 안동소주, 조흥주조의 안동소주 등이 등장하는데, 곡물로 소주를 만들지 못하게 되던 1963년경까지도 순곡물 소주를 고집하는 5개의 소주 회사가 있었다.

해방 후 희석식 소주의 제조와 판매가 월등하기 많았음에도 증류식 소주에 대한 선호도가 상당했다. 그래서 희석식소주에 증류식 소주를 혼합해서 순곡소주로 판매하는 일들이 발생하는 등 유통질서의 혼란이 가중될 즈음[13]인 1961년 12월, 정부는 주세법에서 소주에 대해 증류식과 희석식을 구분시켜 제조방법과 규격을 명시했다.[14]

1962년에는 국산 서류를 이용하는 희석식 소주업체들에게 주세감면 정책을 실시하여 희석식 업체의 성장을 돕기까지 했고 1964년에는 쌀 뿐만 아니라 모든 곡물을 이용하는 증류식 소주를 금지시키는 양곡관리법糧穀管理法을 실시했다. 이로인해 대부분의 증류식 소주 제조업자들은 도산하거나 소수의 업자들은 설비를 개조해서 고구마 소주를 생산하거나 희석식 소주로 대체했다.

이러한 대한민국의 양조정책은 안동소주에도 결정적인 전환점이 된다. 술 제조에서 쌀 사용을 금하는 1963년부터 실제로 순곡물로 만드는 안동소주의 역사는 막을 내렸다.

1961년, 권영식이 안동주조를 인수하고 법적으로 희석식 소주만 만들기 시

---

12 지일선, 「소주의 변천과 주질」, 『주류산업』 1-1, 1981, 32쪽.
13 이동필, 「전통민속주산업 육성을 위한 제도개선 방안: 「민속주안동소주」 사례 연구」, 『농촌경제』 17-2, 1994, 7쪽.
14 이때의 주세법을 보면, "백미를 제외한 전문 및 당분을 함유하는 물료, 주정과 효모, 곡자 또는 입국 및 물을 원료로 하여 발효시켜 증류한 것"으로 규정하고, 희석식소주는 "주정을 물로 희석한 것"으로 규정하여 소주의 이원화와 더불어 증류식 소주에서 쌀 사용을 금지시켰다.

작한 1964년에는 권휴장(안
동시 서부동 149-14)이 다시
인수했다. 그는 당시에 탁주
제조를 하고 있었고, 희석식
소주로 순곡소주의 맛을 내
보겠다는 의지를 가지고 이

1960년대 희석식 소주였던 금곡소주 광고

회사를 인수했다. 권휴장은 알콜 주정에 좋은 물을 배합하여 1년 이상을 묵혀
두면 주질酒質이 좋아질 것이라 생각하고 이를 실천했는데, 그 노력 덕분인지
7년간 호황을 누리며 사업을 이어갔다.

안동의 애주가들 사이에서 여전히 전해지는 뒷얘기 중 하나는, 그의 후손이
운영하는 모 약국의 지하 창고에는 제비원 소주가 아직도 몇 박스씩 쌓여있어
서, 귀한 지인들은 맛을 본다는 것이다.

1971년에 안동주조를 포함하는 경북도내의 23개 소규모 소주제조업체들이
모여서 '경북소주공업(주)'(대구시 원대동 소
재)로 통합했고 그 중 가장 유명한 상표였
던 제비원 소주 이름으로 술을 시판했으
며, 이 회사는 1975년에 ㈜금복주로 합병
되었다.

이십여 년이 지나고 곡물로 증류식 소
주를 허가한 1990년대에 금복주가 '제비
원소주'를 다시 출시하지만, 엄밀히 말하
자면 곡물로 소주를 만들던 안동소주의
맥은 1961년에 단절되었다고 봐야 할 것
이다.

결론적으로, 배영동 안동대 교수의 언
급대로 "안동지역의 증류식 소주는 한말

경북공업(주) 시절의 희석식 제비원소주

부터 진행된 주류산업의 발전 추세에 힘입어 일제강점기에 성립된 근대적 공장제 체계의 소산으로서, 안동소주라는 명칭으로 널리 판매되었지만, 국가의 양조정책과 양곡정책의 변화와 맞물리면서 희석식 소주로 바뀌어서 몇 종의 상표로 판매되다가 단절"되었다.

안동소주가 밟아온 길과 유사하게 전국의 소주 회사도 마찬가지였는데, 증류식소주 제조업자의 도태에 이어서 소규모의 희석식 주류업체도 사라지기 시작했다. 1964년에 555개이던 소주 제조업체 수가 1973년에 착수한 주류업의 통폐합시책으로 다음해인 1974년에는 16개, 1977년에는 12개의 소주 제조업체로 조정되었다.

1916년에 소주 제조업체의 수가 28,404개에 이르렀다는 사실이 믿기지 않을 만큼 작은 숫자로 줄어든 것이다.

안동에도 1300년대부터 700년을 이어온 순곡물의 증류식 소주가 종말을 고하고 95% 알코올 주정에 물을 첨가하는 희석식 소주만 남게 되었다.

06

증류식 소주,
안동에서
부활하다

안동의 소주, 새롭게 태어나다

잊혀져 가던 안동의 소주는 재탄생의 전기를 맞이한다. 1982년 12월에 문화공보부 문화재관리국(현 문화재청) 산하의 문화재위원회가 전통 민속주의 문화재지정을 위해 각 시군에 "전국 민가에서 전통적으로 양조된 주류"로 규정된 민속주에 대해 일제조사를 실시했다.[1]

이때 안동시 문화공보실은 안동에 거주하던 조옥화씨를 접촉하여, 제비원 상표로 명성이 높았던 안동소주를 안동의 민속주로 추천했다. 이때 전국에서 추천된 민속주는 13종[2]이었는데, 1983년 10월에 1차 예비조사를 하고, 이듬해 8월까지 본조사를 실시했다.

명 칭	기			능	자
	성 명	성별	연령	주	소
경 주 법 주	배 영 신	여	67	경주시교동 69	
안 동 소 주	조 옥 화	〃	61	안동시신안동 276-6	
김 천 과 하 주	조 진 수	남	74	김천시모암동 74-3	
선 산 약 주	서 호 용	〃	42	선산군선산읍완전동 5	
호 산 춘	권 숙 자	여	52	문경군산북면대하리 460	
하 향 주	김 필 순	〃	65	달성군유가면음동 383	

경　　　북

1982년부터 실시된 조사보고서에 수록된 경북지역 9개 민속주

---

1 문화재관리국, 『전통민속주』(무형문화재지정조사보고서 제163호), 1985, 3쪽.
2 이때 추천된 13종은 서울의 삼해주(三亥酒), 문배주, 경기도의 경기 동동주, 충북의 청명주(淸明酒), 충남의 한산 소국주(素麴酒), 면천 두견주(杜鵑酒), 전북의 김제 송순주(松荀酒), 이리 이강주(梨薑酒), 전남의 진도 홍주(紅酒), 경북의 경주 법주(法酒), 안동 소주(燒酒), 김천 과하주(過夏酒), 제주의 제주 소주(燒酒) 등이었다(문화재관리국, 위의 책, 4~5쪽).

안동소주에 대한 실증 조사는 성균관 대학교 황혜성 교수와 서울여자대학교 발효공학과 이택수 교수가 조사했고, 조옥화씨는 이즈음에 안동시의 권유로 소주 빚는 연습을 하곤 했다.

이때 조사보고서는 전국에서 조사한 9종의 소주를 비롯해서 46종의 민속주가 포함되었고 184쪽에 달하는 상세한 보고서가 정부에 제출되었다. 이 중 안동소주에 관한 보고서 작성은 경상북도문화재위원인 성병희씨가 작성했다.

사회적 여론도 상당히 우호적이었다. 민속주의 문화재지정을 조사하는 시점에서 중앙의 주요 언론들은 외국에 내놓을 우리 술이 없으며 민속토속주를 되살려야 한다는 취지의 다양한 기사들을 쏟아내고 있었다.

국가기록원에 보관된 1984년 황혜성·이택수 교수에 의해 작성된
'安東소주 조사 사진자료' 중 일부(표지포함 5페이지)

전통토속주를 되살리자
(『경향신문』, 1983. 3. 19.)

　1986년 아시안게임과 1988년도의 올림픽이라는 대규모 국제행사를 앞두고 정부는 서둘러서 우리나라의 전통적 소재의 문화, 음식, 술에 관심을 가지고 조사에 나섰다.

　1986년 11월 1일, '향토술담그기'라는 이름으로 중요무형문화재 제86호가 지정되었는데, 여기에는 문배주(제86-가호), 면천 두견주(제86-나호), 경주 교동 법주(제86-다호)가 포함되었다. 여기에 자극을 받은 조옥화씨(1922~2021)는 '안동소주 양조법'을 경상북도 무형문화재로 신청하게 되고 1987년 5월 13일에 경상북도 문형문화재 제12호로 지정받았다.

　안동소주를 민속주로 조사하던 초기에는 과거 일제 강점기 순곡소주 시절의 제비원표 안동소주의 맛을 기대하는 여론이 컸었던 것으로 보이지만, 조옥화씨의 소주는 안동소주가 상품화 되기 이전, 즉 1920년 이전까지 안동지역에

안동소주 부활운동
(『조선일보』, 1988. 10.)

널리 퍼진 옹기 소줏고리나 가마솥을 이용해서 소주를 내리는 조선시대 소주의 원형을 재현했다.

둘의 가장 큰 차이는 누룩의 종류와 그 사용방법인데, 제비원표 안동소주는 밀가루에 흑국을 배양한 흩임누룩을 사용했고, 조옥화씨는 밀을 밟아 병국으로 만든 재래누룩을 사용했다. 또 다른 차이는 증류기라 할 수 있다. 1920년대 안동주조는 소규모 소주제조업자들을 도태시키면서 당시로서는 가장 현대적인 시설들을 도입했다. 당시 하루 9석(1,300kg 이상)을 제조하기 위해 새로 제작한 규모가 큰 동증류기를 사용한 반면 조옥화씨는 토기로 제작된 소줏고

리를 사용했다.[3]

또 다른 중요한 차이를 하나 들라고 한다면, 안동소주의 한자표기 방법이
다. 일제강점기였음에도 제비원표 안동소주는 우리가 고유하게 소주의 한자어
로 사용하는 安東燒'酒'로, 조옥화씨는 安東燒'酎'로 표기했다.[4] 가양주로 제조
하던 조선시대의 '燒酒'에 일본의 '燒酎'를 입힌 것이다.

조옥화

1920년대에 안동주조의 권태연이 제비원표 소주를 통해 안동소주란 명성을
일구고 우리나라 전역에 그 이름을 알렸다면, 조옥화씨는 잃었던 이름과 명성
을 부활하는데 결정적인 역할을 했다. 아쉽게도 근대 안동소주인 권태연의 제
비원표 안동소주는 백여년의 시간이 지나 그 제조방법을 찾기 어렵지만, 다행
한 것은 동시대의 안동소주를 부활시킨 조옥화씨에 대해서는 자료가 많고 또
한 이를 주목하는 것이 안동소주사安東燒酒史에 의미가 있다고 여겨진다.

---

3 조옥화씨의 민속주안동소주는 얼마후 훨씬 더 큰 규모의 설비를 도입해서 하루 소주 생산량이
   수천병에 이르지만, '안동소주 제조법'이 무형문화재로 지정되던 시절과 제조면허를 받은 1990년
   대 초반까지는 이런 방법을 유지했었다.
4 소주가 처음 우리 기록에 등장한 이후부터 조선시대를 통틀어 소주의 한자 표기는 예외없이 '燒
   酒'로 명기되었다. 반면 일본은 자신들의 소주 표기를 '燒酎'로 했다. 이 단어를 사용하는데 대한
   문제 인식없이 일각에서는 '酎'라는 단어를 사전적 의미로 '세 번 빚은 술'이라며 강조하기도 하는
   데, 이는 소주라는 단어의 의미가 달라서가 아니라, 각 나라의 고유한 표기방법의 차이, 즉 중국과
   한국은 '燒酒', 일본은 '燒酎'를 사용했다는 것이다. 즉 일제강점기 때 들어온 이 한자가 안동소주
   를 비롯한 희석식소주의 한자 이름에 여전히 쓰이고 있다. 일제 강점기 초기까지도 신문이나 글
   에서 燒酒로 표기하다가, 어느 순간 소주에 대해 일본식 한자표기가 자리를 잡게된다. 예를 들면,
   1940년까지 필자가 확인한 안동주조의 제비원표 안동소주 라벨에 우리식의 한자인 '安東燒酒'로
   표기되었음에도 일본어를 사용했던 대부분의 신문에서는 '安東燒酎 品評會受賞'과 같이 보도했
   다. 해방전 후 전국에서 '新式'이란 이름으로 우위를 점한 희석식 소주 회사들은 거의 하나같이
   자신들의 소주 이름을 '○○燒酎'로 명기했고 안동소주 역시 해방후에 일본식 한자표기를 사용했
   다. 아이러니 하게도 1990년대에 등장하는 대부분의 안동소주 회사들이 '安東燒酎'란 표기를 고집
   하고 있으며 그 시작에 조옥화씨의 민속주안동소주가 있다.

이 중에서 조옥화씨의 누룩에 관한 연구는 민속주안동소주의 연구를 통해 박사학위를 받았고 조옥화의 며느리이기도 한 배경화 박사의 "民俗酒安東燒酎醱酵의 釀造學的特性糾明및 自家누룩製造의 最適化"가 있으며, 현대 안동소주에 대해 여러 관점에서 다각도로 연구를 한 안동대학교 배영동 교수의 글을 참조하면 좋겠다. 배영동 교수의 글에서 조옥화씨에 대한 글을 발췌하면 다음과 같다.

조옥화 여사의 소주 고는 모습
(출처: 국가기록원, 1983)

조옥화씨는 안동시 운안동 부농가에서 4남 3녀중 차녀로 태어났다. 당시 안동 중앙국민학교(현 안동초등학교) 졸업후 중학교 진학에 대한 할아버지의 반대로 2년 정도 집에서 쉬다가 서울의 근화여학교를 졸업하였다. 안동시 신안동 안동김씨 집안으로 시집오기 전에 조옥화씨는 부지런하여 잠시도 쉬지 않고 뭐든지 하고자 했는데, 음식을 만들고 상차림을 하는 일에 깊은 관심이 있었다고 한다.

하지만, 조옥화씨는 친정에서 직접 안동소주를 고은 적은 없다. 다만 조옥화씨는 친정 할머니 임또희(안동시 임하면 금소리 출신), 친정어머니 김말늠(안동시 서후면 이송천리 출신)이 안동소주를 고는 것을 여러 번 보았기에 안동소주를 빚는 방법은 대체적으로 알고 있었다는 것이다. 출가한 후에는 애주가였던 시아버지를 위하여 친정에서 소줏고리를 가져와서 안동소주를 가끔씩 양조하여 왔다고 한다. 그러나 당시로서는 소주를 빚는 것이 법적으로 금지되어 있었기에 소문을 내지 않았다고 한다.

조옥화씨의 시아버지는 안동에서 동장 직무를 수행하고 있었는데, 시아버지의 권유로 조옥화씨는 독립운동가이자 여성운동가였던 임영신任永信 박사가 회장으로 있던 '한국부인회' 회원으로서 지역봉사활동을 시작하였다. 1970년대 초에는 '어머니회'(새마을부인회의 전신)의 일을 맡았고, 1980년대 초·중반에 새마을운동중앙본부(당시 회장 전경환)가 기금 마련을 위해 서울 소재 새마을운동중앙본부 본관 뜰에서 열었던 향토야시장에 참여하게 되었다. 당시 안동시 새마을부녀회 부회장으로 있던 조옥화씨는 경기도 광주 새마을부인회가 동동주를 판매하는 데 착안하여, 안동 새마을부인회를 중심으로 4~5년에 걸쳐 향토야시장 행사때마다 동동주를 만들어 팔았다. 이처럼 조옥화씨는 안동지역에서 여성단체 활동에 매우 적극적이어서 행정기관과 비교적 잘 연계되어 있었다.

조옥화씨는 여성단체 활동을 통하여 안동지역에서 부지런하고 지도력이 있는 여성으로 잘 알려져 있었을 뿐만 아니라, 음식 솜씨도 좋아서 행정기관과 잘 연계되어 있었다.

…중략…

조옥화씨는 안동소주 양조기술과 안동 '놋다리밟기' 놀이의 기능보유자 인정신청을 놓고 어느 쪽을 선택할 것인지를 고심하고 있었다. 놋다리밟기 놀이는 고려말 공민왕이 중국 홍건적의 제2차 고려 침입을 피해서 1361년 12월 겨울에 안동으로 몽진을 올때, 왕비 노국공주를 안동지역 부녀자들이 등을 굽혀 인교를 놓아서 하천을 건너게 했다는데서 유래되어 전승되던 놀이였는데, 20세기 어느 시기부터 전승이 단절된 상태였다. 이러한 놋다리밟기를, 조옥화씨를 위시한 안동지역 부녀자들이 자발적으로 되살렸기 때문에, 조옥화씨도 그 기능보유자로 인정 신청을 생각했던 것이다. 하지만 최종적으로는 남편의 권유로 안동소주 양조 기능보유자 인정을 신청하였다고 한다.[5]

5   배영동, 「안동소주 생산과 소비의 역사와 의미」, 『지방사와 지방문화』 제9권 2호, 2006, 394~395쪽.

78

소주 내리는 조옥화 명인의 모습
(2006. 3. 3., 출처: 막걸리학교 허시명 교장)

민속주안동소주 회사 설립

1987년에 '안동소주 양조법'이 무형문화재로 인정을 받았지만, 실제 생산까지는 상당한 시일이 소요되었다. 주류의 상업적 제조에 관한 허가는 국세청의 소관으로서, 제도적 보완과 더불어 시설 및 주질에 대한 다양한 조사와 검사를 해야만 했다.

당시는 여전히 쌀로 소주 제조를 금지한 주세법 제3조의 규정이 적용되던 터라, 조옥화씨는 쌀 대신 보리쌀을 사용하는 조건으로 민속주 시험 제조면허를 얻었다. 실제 조선시대의 많은 소주 제조 기록을 보면 쌀이 아닌 밀과 보리를 원료로 하는 주방문이 상당한 편이어서 국세청도 이를 허가했다.

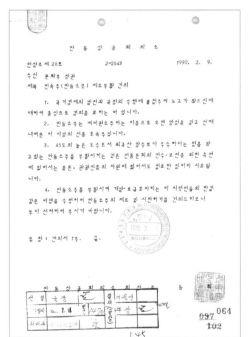

안동상공회의소회장 명의로 문화부장관에게 제출한 안동소주 부활에 대한 5쪽의 건의서 중 표지
지역민, 학계, 언론계 등 다양한 분야에서 민속주안동소주의 상화를 기원하며 성원했다.(1990. 2. 9)

1990년 9월에 국세청으로부터 정식 민속주 제조면허를 얻었고, 신안동 자택에서 "민속주안동소주"란 상표로 알코올 도수 45도, 소주 생산량은 약 35L 정도로 초기 상업적 소주 생산을 시작했다. 본격적인 생산을 시작하면서, 시험양조에서 사용하던 옹기로 된 소줏고리 대신 자체 제작한 2~3말* 규모의 스테인리스 소줏고리를 사용하였다. 술병은 도자기 모양이었다.

1993년 5월경에는 하루 생산량이 200병 규모였는데 넘쳐나는 수요를 충족시키지 못했다. 1960년대에 사라졌던 100% 곡물 소주, 그것도 일제 강점기의 전설로 남은 제비원표 안동소주의 맛을 확인하기 위해 안동사람은 물론 전국 각지의 소주 애호가들이 안동의 지인이나 친척들을 통해 소주 구매 요청을 하는 터에 매일 아침마다 신안동에 줄을 서는 진풍경이 연출되었다. 2022년 박재범이란 연예인이 출시한 증류식 소주인 원소주를 사기 위해 모백화점에서 몇백미터 줄을 서며 수일간 벌어진 일명 '오픈런' 사태의 원조라 할 수 있는 풍경이었다.

민속주안동소주는 경상북도 무형문화재 지정 이후 정통성을 '공인'받은 소주로 인식되면서 희소화 · 차별화 · 고급화되었다. 1930년대에 그랬듯이 안동소주는 다시 안동을 대표하는 문화상품으로서 원산지 안동을 떠나

출시 초기 민속주
안동소주의 시판 술병들

1993년에 증설한 민속주안동소주의 시설들

대중적 상품이 되었다. 동일한 시기에 민속주로 지정된 술들이 10여 개 이상 되지만, 전문가들이 '공인'한, 그것도 '소주'란 이름을 가진 유일한 술인데다가, 개성이나 평양 역시 지역명이 붙은 소주 생산지로 유명하긴 했지만 이곳들이 북한 지역이란 점, 제비원이라는 안동소주에 대한 향수 젖은 사회적 기억이 여전히 남아 있었다는 점 등이 새로 나온 안동소주를 찾게 만들었다.

민속주안동소주는 많은 수요를 충족시키기 위해 1993년 8월에 안동시 수상 동에 대지 1,800여 평 위에 지하1층과 지상2층으로 도합 1,200여 평의 공장을 증축하고 이전하여 오늘에 이른다. 이전을 하면서 각종 제조설비와 시설을 현 대화하고 '원료는 묵은 정부미(통일벼)를 사용했고, 종업원 33명에 일일 생산량 1,200병 규모로 사업을 확장하는데'[6] 이때 경상북도 문화재위원회에서는 이 회사의 상업화 과정에 문제가 있다는 지적을 하기에 이르렀다. 요점은 민속주안동소주 공장에서 생산한 안동소주에 '경상북도 무형문화재'라는 상표를 붙이는 것이 합당하지 않다는 것이었다. 경상북도 무형문화재를 표방하는 상표는 전통적인 수제 양조법으로 생산한 안동소주에만 붙일 수 있다는 것이 경상북도 문화재위원회의 의견이었다.[7] 지정문화재의 명칭이 '안동소주'로 표기되어있지만, 엄밀히 말하면 '안동소주 양조법'이라야 맞다는 의견이 상당했다.

이동필 전 장관이 1993년 5월에 방문 조사한 〈민속주안동소주의 주요 신설 시설 내역〉

시설명	시설규모	구입 또는 설치가격(원)	수량
증류기	5톤규모 (일본산, 실제 3톤작업)	180,000,000	1대
	3톤규모 (국산, 실제 1.5톤 작업)	45,000,000	1대
쌀 찌는 솥	대형 찜통 (3톤 작업)	3,000,000	1대
	소형 찜통 (1.5톤 작업)	3,000,000	2대
쌀 세척라인		50,000,000	1식
누룩제조라인		30,000,000	1식
발효독	대형독 (7톤 작업)	4,000,000	21개
	소형독 (4톤 작업)	4,000,000	10개
술 저장통	대형통 (9톤 작업)	3,000,000	10개
	소형통	2,200,000	5개
폐기물시설	토목공사 800만원 포함	300,000,000	1식
합계		624,200,000	

6　당시 신축한 민속주안동소주 공장을 방문해서 상세히 조사한 이동필 전 장관은 '이동필, 「전통민속주산업 육성을 위한 제도개선 방안: 「민속주안동소주」 사례 연구」, 『농촌경제』 17-2, 1994, 10쪽'에서 당시의 상황과 함께 자세한 시설과 투자금액을 조사해서 기록하고 있다.

7　배영동, 「안동 지역 전통 음식의 탈맥락화와 상품화」, 『사회와 역사』 66권 제0호, 2004, 50~51쪽.

소주의 다양화와 시장 개방

민속주안동소주가 창업하던 1990년대는 다양한 규제로 묶여 있던 빚장들이 하나씩 벗겨져 가던 때였다. 1960년대 초, 양곡관리법에 의해 순곡 소주를 만들 수 없어서 증류식 소주는 사라진 상태였고, 각 도별로 하나의 희석식 소주 회사가 독점적으로 영업을 했고 알코올 도수의 제한 등, 다양한 법적 제한들이 있었지만 빠르게 해제되기 시작했다. 소주업계는 발빠르게 시장에 대응하며 제품을 내놓았다.

〈1993년도 '안동 지역의 소주업체 실태 및 계획'〉

단위:평(면적), 백만원(금액)

업체명	위치	부지면적	건물면적	시설자금	생산량	생산액
민속주안동소주	수상동	1,800	1,240	2,400	1,200병	8,760
㈜금복주	풍산면	7,000	2,150	6,930	4,100kl	16,400
㈜안동소주	와룡면	6,137	2,580	6,027	대 3,150병 소 2,700병	82,521

1994년도의 ㈜안동소주의 광고 포스터

민속주안동소주의 등장과 상품화에 가장 먼저 반응한 곳은 ㈜금복주였다. 안동주조가 문을 닫고 최종적으로 그 회사가 생산했던 상표권 등의 법적, 물적 권리를 가졌던 ㈜금복주는 '안동소주'의 상표권을 주장하고 나섰지만 비판적인 여론에 밀려 이를 포기하고 1993년 1월 16일에 '안동 제비원 소주'란 이름으로 41도와 45도 2종을 호리병에 넣어 고급소주로 출시했다. 그리고 얼마후에는 35도, 증류식 소주의 알코올 도수 규제가 완화되자 1996

년 1월에는 대중화를 목표로 25도로 낮춘 '안동소주25' 소주를 출시했다.

민속주안동소주의 성공은 곧바로 안동의 또 다른 경쟁자를 양산했는데, 1992년에 안동농협을 비롯한 안동의 상공인들이 40억원을 투자한 ㈜안동소주 회사가 안동시 와룡면에 설립되었다. 이 회사는 하루 1만병의 생산능력을 갖춘 대규모 설비를 앞세워 1993년 6월에 45도 안동소주를 출시했고 94년에 35도를 출시했다. 알코올도수의 이원화와 함께 호리병과 유리병을 함께 사용하며 대중화 전략에도 만전을 기했다.

이때 회사의 대표이사는 박재서朴栽緖 씨로서 1995년 7월 15일에 농림수산부가 지정하는 민속주 기능인으로서 "전통식품명인"으로 지정받았다. 당시 명인으로 지정되려면 해당 전통식품분야 제조업에 20년이상 종사하거나 조상 전래의 제조방법을 계승, 실현할 수 있어야 한다는 조건이 있는데, 이 해에 명인 지정을 받은 사람은 안동소주의 박재서씨 외에 문배주의 이기춘, 김천 과하주의 송재성씨가 있다. 이로서, 안동에는 경상북도의 무형문화재 조옥화씨와 함께 2번째의 전통주 기능보유자가 탄생하게 되었다.

그 당시 전통주 분야에서 전래없이 투자를 했고 현대적 시설을 갖춘 ㈜안동소주는 주류업계에서는 보기 힘든 뉴스를 만들어냈다. 1997년 4월, ㈜안동소주는 불법대리점 운영과 매출액 누락 등으로 16억원의 탈세가 확인되어 법적 처분과 주류 면허가 취소되었다. 그 이듬해에 주요 주주였던 안동농협 등이 웅부영농조합법인을 만들고 (주)안동소주로부터 5년후 환매조건부 매매 형태로 안동소주 공장을 인수, 안동소주의 제조와 판매를 시도했으나 결국 재기하지 못하고 자산은 공매와 경매로 처분되었다.

민속주안동소주가 등장하고 금복주와 ㈜안동소주가 출시한 3개사의 소주 모두 '안동소주'란 상표를 사용하다 보니, 안동소주를 찾던 소비자들은 진짜 안동소주가 어떤 것이냐로 의견이 분분했으며 과당 경쟁에 대한 우려도 상당했다. 무형문화재라는 공공기관의 정통성 인정은 민속주안동소주로서는 초기 인지도에 상당히 큰 힘이 되었고 이에 자극을 받은 박재서씨는 전통음식명인이라는 방패를 들고 영업할 수 있게 되었다.

소주명인 박재서

07

21세기
안동의 소주

쌀 생산이 소비를 넘어서게 되고, 세계 시장에서 한국의 위상이 급상승하던 1990년대 소주 시장은 주세법의 개정으로 인해 무한 경쟁 시대로 돌입했다.

큰 골자는 개방과 경쟁이었다. 첫째, 곡물로 만든 증류식 소주가 부활하여 희석식 소주만 존재하던 시장에 전통식 소주가 도전장을 내밀었다. 둘째는 희석식 소주 시장에서 1도에 1개의 소주 회사만 존재하던 자도주 정책이 철폐되었다. 셋째는 소주 회사가 맥주에 진출하거나 맥주 회사가 소주 사업으로 확대할 수 있는 주류 영역 제한이 폐지되었고 넷째는, 수입 주류의 전면적 개방이 이루어졌다. 이러한 자유 경쟁의 시장이 열리자 안동에도 소주를 제조하는 여러 회사가 등장했다.

안동소주의 맏형격인 조옥화씨의 민속주안동소주는 90년 회사설립과 더불어 오늘날까지도 그 위상을 자랑하며 굳건히 자리를 지키고 있다.

반면 90년대에 공격적인 마케팅으로 시장에 뛰어들었던 ㈜금복주의 제비원 소주 35도와 45도 그리고 안동소주25는 현재 시장에서 철수한 상태이며 이즈음 탄생했던 ㈜안동소주 역시 탈세 문제로 폐업하게 되었다.

2000년대 들어서서 안동소주는 춘추전국시대를 맞이하게 되는데, 아이러니하게도 여기에 일조한 것은 폐업한 ㈜안동소주였다. ㈜안동소주의 자산이 공매와 경매를 통해 매각되는 과정에서 이를 인수하려고 타지에서 여러 주류업자들이 안동을 찾았다.

공매에서 낙찰 받지는 못했지만, 당시 충청 지역에서 가장 활발하게 주류사업을 하던 칠갑산주조 출신의 윤종림씨가 명품 안동소주를 창업하게 되고, 와룡면 태리에 있던 6천여평의 부동산은 안동소주 일품의 모회사인 진로발효가 차지했다.

기존에 생산되어 있던 소주 170톤은 로얄안동소주가 낙찰을 받아서 회사를 설립하게 되었다. 또한 ㈜안동소주를 이끌었던 박재서씨는 명인안동소주를 설립하여 재기에 나섰다. 결과적으로 ㈜안동소주의 폐업은 여러 회사에 직간접적인 영향을 주었다. 2016년, 안동에서 유명한 버버리찰떡이 찹쌀소주인 안동소주 올소를 새롭게 선보였고, 안동에서 가장 오래된 주류회사인 회곡양조장이 새롭게 소주 시장에 진출하여 회곡안동소주를, 2018년도에는 안동 진맥소주란 이름으로 밀소주를 생산하게된 막내뻘 밀과노닐다를 포함해서 현재 안동소주 생산업체는 총 8개에 달한다.

민속주안동소주: 안동소주의 부활과 전통의 고집

1990년에 설립된 민속주안동소주는 소주 이름 앞에 조옥화 라는 세 글자가 붙어야 더 매끄럽게 말이 나올 정도로 강한 브랜드 파워를 가지고 있다. 아쉽게도 2021년에 작고 하셨고, 현재 그의 아들인 김연박 씨가 회사의 경영을 맡고 있다.

대학에서 건축을 전공했고, 26년간 건축회사에서 임원까지 지내며 잔뼈가 굵은 건축 전문가였다. 1998년에 안동으로 내려와서 어머니를 도와 가업을 이었다.

김연박씨는 한발 더 나아가 늦은 나이에 안동대에 진학하며 '향토산업으로서 민속주안동소주 육성방안'이라는 주제로 논문을 발표했고 그의 아내 배경화 씨는 2000년에 '안동소주의 傳來過程에 관한 文獻的考察'이란 주제로 석사를, 2008년에는 '民俗酒安東燒酎醱酵의 釀造學的特性糾明 및 自家누룩製造의 最適化' 연구로 박사학위를 받았다. 이를 통해 민속주안동소주를 이론적으로 뒷받침했고 시어머니를 잇는 전수기능후보자로 지정되었다.

소주의 생산방식은 스텐레스로 만든 상압식 증류기를 사용하고 있으며 누룩은 밀, 소주의 원료는 쌀로 만든다. 이 누룩과 함께 찐 쌀 고두밥을 물과 섞어서 술을 빚는 단양주 방법을 사용하고 있다. 처음부터 지금까지 45도 한종류의 소주를 양산하고 있다. 이는 경상북도 무형문화재 지정을 유지하기 위하여 초기에 정한 규정을 준수하여야 하는 이유가 있지만 한편으로는 '어머니

민속주안동소주를 이끄는 김연박 · 배경화 부부

양조장을 내려다 보는 김연박 대표

가 내리던 소주 맛을 그대로 지키는 것이 의무'라는 김연박씨의 의지도 반영되어 개발 초기의 방법을 고수하고 있다.

민속주안동소주는 수상동에서 안동소주 전통음식박물관을 함께 운영하고 있다. 각종 전통음식, 주안상 등이 전시되어 있으며 특히 1999년 영국의 엘리자베스 여왕이 안동 하회마을을 방문했을 때 조옥화 씨가 차린 생일상도 볼 수 있는데, 2022년 9월에 여왕이 서거했을 때 그녀의 빈소를 차려 조문을 받기도 했다.

명인안동소주: 안동소주의 기둥, 전통과 상업화의 두 마리 토끼

명인안동소주는 민속주안동소주와 함께 현대의 안동소주 이름을 드높이는 데 중추적인 역할을 하고 있다.

명인 안동소주를 이끌고 있는 박재서 명인과 박찬관 대표

대대로 와룡에 터를 잡았던 박재서 명인은 할머니와 어머니로부터 소주 내리는 법을 배워 익혔으며, 과거 제비원표 안동소주를 내렸던 장동섭씨를 찾아가 소주의 대량 생산에 대한 노하우를 얻기도 했다. 1992년에 투자자들과 함께 ㈜안동소주를 설립하고 처음부터 대형설비와 증류기를 활용해서 공장식 대량 생산에 나섰고 1995년에는 농식품부의 전통식품명인 제6호로 지정되었다. 하지만 사업의 부침이 심해 정리 한 후에, 그의 아들인 박찬관 씨가 아버지 박재서 명인을 도와 경영을 맡았다. 풍산에 공장을 짓고 2007년에 명인안동소주란 이름으로 새롭게 사업을 시작했다.

명인 안동소주의 양조 방법은 민속주안동소주와는 다르게, 누룩으로 밑술을 만든 후에 두 번의 고두밥으로 덧술을 해서 삼양주로 담근다. 이렇게 해서

스마트 공장으로 운영되는 명인 안동소주

막걸리 상태의 알코올 도수를 20여도 까지 끌어 올린다. 증류는 스텐레스로
된 대형 감압증류기를 사용해서 소주를 내린다.

　박찬관씨는 아버지의 전통을 고수하면서도 전략적 다양성을 꾀하고 있는데,
45도와 함께 저도주低度酒 안동소주의 출시, 담금용 소주, 호리병과 함께 일반
유리병에 출시하는 소주, 외부와의 다양한 콜라보 제품 등을 생산하고 있다.

　일찍부터 자동화된 시스템을 도입해서 스마트 공장으로 전환하면서 생산관
리의 효율을 높였다. 특히 직매장을 여럿 내면서 안동을 찾는 관광객 및 소비
자와의 접점을 확대해서 매출 증대에 기여하고 있기도 하다.

　농식품부가 관광산업과 연계하는 '찾아가는 양조장'으로 선정되어 있어서
안동을 찾는 관광객들을 위한 양조장 편의시설도 잘 갖추어져있다.

안동소주 일품: 안동소주의 숨은 강자

안동소주 일품은 주정을 제조하는 코스닥 등록기업 ㈜진로발효의 자회사로서 이 회사의 개발팀장이었던 이주홍씨가 대표를 맡고 있다. 자본금 38억이며 2021년 기준 매출액은 약 28억여원이다.

안동소주 일품㈜의 출발은 임하에 1997년 설립한 푸른영농조합법인이었는데 당시에 솔잎을 추출한 증류주인 영가주永嘉酒를 생산했다. 2001년에 쌀소주를 생산하면서 2002년부터 안동소주 일품이란 이름을 사용했다. 같은 해에 회사 이름도 안동소주일품㈜로 변경했다. 2007년에는 과거 ㈜안동소주가 사용하던 안동시 와룡면의 공장부지 19,953m2를 모 회사인 진로발효가 인수하기도 했다.

안동소주 일품은 쌀입국을 사용하여 밑술을 만들며, 밑술에 두 번의 추가 덧술을 해서 발효 원주를 만든다. 감압증류기를 통해서 45도 내외의 소주 원액을 생산한 후 숙성 과정을 거쳐서 제품으로 만든다.

주류업으로 1984년에 창업한 모 회사 진로발효의 유통경험과 유통망이 크다보니 전국 어디에서나 손쉽게 구할 수 있는 안동소주 제품으로는 일품이 으뜸이다. 다양한 소비자 층을 겨냥한 여러 도수와 가격대가 특징이다.

일품안동소주의 전신인 푸른영농조합에서 출시했던 솔향의 영가주(左)
현재 출시되고 있는 다양한 일품 안동소주(右)

공장과 별개로 안동시 와룡면 45번 국도 변에 홍보관을 운영하고 있다.

안동회곡양조장: 백년 기업, 백년의 노하우

안동에 100년이 넘는 양조장이 있다. 탁주와 약주를 주로 만들던 회곡양조장은 오랜 양조경험을 살려 2017년부터 회곡안동소주를 생산하고 있다.

구한말인 1902년, 증조부가 운영하던 양조장을 이어받아 현재에 이른 회곡양조장은 험난했던 안동의 근현대 양조역사를 버텨 낸 기업이다. 한국 전체 양조업계 내에도 몇 안되는 백년기업이다.

증류기 앞에서 설명하고 있는 권용복 대표
4대째 기업을 잇는 양조인이다.

막걸리로 시작했던 회곡양조장은 안동소주 출시로 본격적인 소주 시장에 뛰어들었다.

현 대표인 권용복씨는 양조장을 운영하던 어머니를 도와서 7살 때 부터 술 빚는 일을 했다. 어린 나이에 누룩 온도를 맞추기 위해 새벽 두시에 일어나야 했고, 국민학교 2학년 때 경운기를 몰아 양조장을 도운 일은 풍산면 회곡리 지역 어른들 사이에서 단골 메뉴로 나오는 얘기다.

사실, 수십년간 양조장을 운영하며 현재의 술 맛을 확립한 사람은, 19살에 시집와서 남편을 도와 평생 술 빚는 일을 한 어머니였다. 기계 설계를 전공하고, 외지에서 직장 생활을 하던 권용복씨는 어머니가 편찮아지면서 스물아홉부터 양조장을 맡아 운영하게 되었다.

탁주가 주 생산품이었지만, 안동 지역의 술 만드는 사람들이 의례 그렇듯, 집의 가마솥은 수시로 어머니의 증류기 역할을 했다. 90년대 후반, 권용복씨가 경영을 맡을 즈음 이미 안동소주가 제2의 전성기를 맞고 있었지만, 업무에 적응하며 자리를 잡느라 소주 출시 시점은 2017년이 되어서야 가능했다. 소주 종류는 크게 두 가지인데, 안동소주의 전통대로 순곡물을 사용하여 42도, 32도, 22도의 회곡안동소주를 출시하고 있으며, 안동의 국화를 이용해서 국화꽃의 향기를 안동소주에 입히는 안동국화주가 있다.

기계설비 전문가였던 권씨는 100년간 정립된 막걸리 제조 기법을 바

회사창립 120주년을 맞이해서 출시한 기념 소주 2종 (2022. 10. 21.)

탕으로 순곡주로서의 깨끗한 안동소주를 만들기 위한 설비들을 직접 제작해서 설치했고, 감압 증류기를 사용해서 소주를 내린다.

"제비원표 안동소주는 그 당시 소주계의 신제품으로서 안동소주 이름을 드높였지요. 그후 백년이 지났는데, 지금의 바뀐 환경과 소비자들을 위한 새로운 전통을 만드는 게 우리의 책임이며 의무라고 생각합니다."

로얄 안동소주: 안동의 숙성 소주에 대한 새로운 지평을 열다

소주가 오래되면 어떤 결과를 얻을까? 소주도 스코틀랜드의 위스키처럼 숙성 개념을 도입해서 제품화 할 수 있을까?

로얄 안동소주는 의도하지 않았지만, 20년이 넘는 안동소주 원액을 보유한 회사이다. 서울에서 사업을 하던 서주현씨는 2007년경에 와룡면에 있던 옛 ㈜

로얄안동소주 서주현 대표가 생산되고 있는 소주 병압 라인을 지켜보고 있다.

로얄안동소주가 낙찰받은 상당한 양의 소주 원액을 담은 탱크들

안동소주 공장의 경매에 참여하기 위해 안동을 내려왔다. 아쉽게도 안동소주 일품㈜의 모회사인 진로발효가 낙찰을 받아 인수에는 성공하지 못했지만 세무서가 압류하고 있던 소주원액 170톤을 샀고, 이 술을 보관할 창고와 함께 소주 공장을 지었다.

다른 사람이 만든 술을 내 술로 파는 것을 영국이나 프랑스에선 네고시앙이라고 부르는데 네고시앙은 다른 사람이 만든 술을 벌크로 사서, 자신이 원하는 방법대로 숙성과 병입을 해서 파는 회사라 할 수 있다. 하지만 한국의 경우는 제도적으로 그리 쉬운 일이 아니다. 하지만 서주현 대표는 자신이 만드는 것 외에 이렇게 엄청난 양의 소주를 갖게 된 덕에 여과 과정을 거쳐서 다양한 숙성연도를 표기하고 원하는 병을 제작해서 판매하고 있다.

처음에는 안 팔려서 숙성년도를 매년 올려 표기했다면, 이제는 회사가 원하는대로 조절하며 팔 수 있을 정도로 구력이 붙었다. 판매 가격도 올라가고, 코로나 이후 좋은 술을 찾는 온라인 소비자 덕에 2021년부터는 판매에 탄력이 붙었다. 오크통 등의 숙성용기가 아닌, 보관하기 위해 스텐레스 탱크에 뒀다고 해서 좋은 술이 되냐는 일각의 비판 시각도 여전히 있지만, 이는 시장과 소비자가 판단할 몫이라는 게 서대표의 생각이다. 아직도 본인이 제조하는 술 외에 이때 구매한 술이 150톤 이상 남아있다. '장기 숙성 소주'라는 발상의 전환이 안동소주 역사에 새로운 전환점이 될지 지켜볼 일이다.

명품안동소주: 대중화로 한 우물을 파는 안동소주

안동소주를 만드는 업체 중에서 라인업이 가장 많은 회사는 명품 안동소주다. 45도부터 40도, 19.8도, 16.9도의 소주, 그리고 이뿐만 아니라 자몽, 복숭아, 사과 등의 과일 맛 소주를 리큐르로 출시하는가 하면 병모양도 호리병, 하외탈, 부네탈 등 안동을 상징하는 각양의 모양으로 선물용 소주를 만들고,

명품안동소주의 시설들

골프채와 골프공 모양의 병도 있다. 이 회사가 판매하는 술의 종류만 해도 현재까지 22가지에 이른다.

회석식 소주를 판매하는 대기업들과 경쟁하겠다며 최근 참조은 안동소주 16.9도로 도전장을 내민 사람은 윤종림씨다. 술을 빚은 지 30년이 넘는 배테랑 양조사인데, 스물한 살부터 청양의 칠갑산주조에서 술과 인연을 맺었다. 허드렛일로 시작해서 누룩과 입국 만드는 일을 거쳐 술을 전문적으로 제조하는 일들을 배웠는데, '마시면 칠십 노인이 사십이 된다'는 전통발효주 '7.4주'를 개발, 시장에 내놓으며 히트를 쳤다. 당시 백세주와 함께 한국을 대표하는 전통주로 인식되며 공전의 히트를 치기도 했다.

명품 안동소주의 윤종림 대표

그런 그가 안동을 찾게 된 이유는 로얄 안동소주와 마찬가지로, 경매에 나온 ㈜안동소주 공장에 입찰하기 위해서였고, 낙찰받지는 못했지만, 아예 안동에 소주 공장을 세우고 눌러앉게 되었다.

2008년 설립부터 윤종림씨의 목표는 지금의 희석식 소주 시장만큼 안동소주를 키우고 증류식 소주의 대중화 시대를 여는 것이다. 수출에도 적극적이다. 한국 문화 상품의 인기에 힘입어 해외로의 명품안동소주 제품은 날개돋친 듯 팔려나가고 있다. 과거 관습의 틀을 과감하게 깨고 안동소주의 대중화를 위해 새 틀을 짜는 윤종림씨의 새로운 도전은 오늘도 계속되고 있다.

안동소주 올소: 안동의 찹쌀소주

안동소주 올소는 2016년부터 출시했다. 대부분이 쌀을 원료로 사용하는데 반해 찹쌀로 만드는 안동소주다. 안동소주 올소를 생산하는 곳은 안동의 특산품을 만드는 버버리찰떡이다. 오랫동안 찹쌀을 다루다보니, 자연스럽게 소주도 찹쌀을 사용해서 만들게 되었다.

찹쌀 소주는 안동에서도 오래된 소주 레시피에 속한다. 1670년경 음식디미방에 밀소주, 쌀소주와 함께 등장하고 1700년대의 적선소주도 찹쌀을 주 원료로 하고 있다.

올소를 만드는 신현서 씨는 안동에서 꽤 큰 양돈사업을 하다가 실패를 하고 의기소침하던 차에 친구들과의 수다에서 우연히 나온 버버리 찰떡 이야기를 사업화했다. 모두가 사양산업이라며 떠나던 떡집을 2004년 신시장에 세웠고, '추억의 먹거리'로 방송을 타면서 불티나게 팔렸다. 지금도 안동사람은 물론, 여행오는 외지인들은 누구나 한번 씩은 안동의 특산품으로 버버리찰떡을 집어든다.

버버리찰떡의 성공과 함께 기획한 것이 안동의 소주. 여러 종가들의 소주를

버버리찰떡의 신현서 대표가 만들고 있는 올소 안동소주
와인을 담았던 오크통에서 숙성해서 소주를 출시하고 있다.

복원하고 만들어 보겠다는 의지와 함께, 본인의 소주도 만들었다. 본인에게 가장 익숙한 재료이면서, 농민들로부터 수매하는 찹쌀을 사용하며, 증류는 감압증류기를 사용한다. 진로에서 증류기술자로 있다가 과거 박재서 명인의 ㈜ 안동소주 공장을 세울 때도 함께 했던 이용익씨를 만나 도움도 받았다.

올소는 화이트 와인과 레드 와인을 담았던 오크통에서 숙성을 하고, 서로 다른 오크통에서 나온 소주를 블랜딩해서 25도와 35도의 술로 출시한다.

올소의 올은 우뚝설 올π이다. 신현서씨의 오크통 숙성소주가 버버리찰떡 만큼이나 우뚝 설 날을 꿈꿔본다.

안동 진맥소주: 오백년을 위한 준비

진맥소주와 원료인 밀을 유기농으로 재배하고 있는 물돌이 맹개마을 전경

진맥소주는 500년의 역사를 가진, 안동 지역의 문헌에서 발견된 소주 중 최초의 안동소주이다. 1540년경, 농암과 퇴계 선생님이 계시던 동시대, 같은 지역에서 쓰여진 소주로서 수운잡방에 기록된 소주다. 眞麥은 밀을 의미하는데, 이름 그대로 쌀을 사용하지 않고 밀로 만드는 소주다. 오백년의 시간을 뛰어넘어 진맥소주를 부활시킨 것은 2007년, 안동의 도산에 정착한 박성호씨. 서울에서 IT 사업을 하던 그는 퇴계 선생님이 청량산을 오가시며 시를 짓던 가송리의 맹개마을 강변에 터를 잡았다.

친환경으로 밀과 메밀 농사를 지었고, 농사지은 유기농 밀을 사용해서 안동소주를 연구해서 2019년 세상에 진맥소주를 내놓게 되었다.

진맥소주의 숙성실 앞에 선 김선영·박성호 부부

　문헌에 나온 이름을 그대로 사용하기 위해 안동소주란 이름을 사용하지 않고 진맥소주를 사용했다.

　농사지은 밀로 누룩을 만들고 통밀을 사용해서 술을 빚는다. 증류는 동으로 된 상압방식의 증류기를 사용하고 상당기간 숙성을 거쳐서 제품으로 만드는데, 생산량은 그리 많지 않다. 한국 전체 소주 회사 중에서 가장 작은 규모다.

　진맥소주는 최초의 안동소주란 위상에 걸맞게 프리미엄 소주를 지향하고 있다. 작은 생산량이지만, 출시와 더불어 프리미엄 백화점의 명품 코너에 판매를 시작했고 면세점과 해외 수출도 시작했다. 또한 다른 안동소주에서 찾아보기 힘든 53도의 고도주를 제품화했고, 최근에는 '경암'을 모티브로 한 진맥소주 오크 숙성 54.5도의 고도주 '시인의바위'를 출시해 돌풍을 일으키고 있다.

박성호씨의 목표는 '지속가능한 안동소주'이다. 오백년 전 안동의 기록에 남아 있던 진맥소주, 백여년전 조선을 주름잡던 제비원표 안동소주가 어느날 사라졌었는데, 그렇게 사라지지 않고 앞으로도 수백년을 이어갈 지속가능한 프리미엄 안동소주를 만들겠다는 것이다.

안동 종가의 소주들

많은 종가들이, 수백년의 가문을 이어오면서 술을 빚고 소주를 내렸다. 특히 조선시대에 꽃을 피운 소주는 안동의 많은 양반가에 스며들었다.

종가를 지키고 가문을 잇듯이, 대를 이어 그 집의 술을 빚고 가문의 소주를 내리는 노력은 변함이 없었다. 일제 강점기, 강력한 밀주 단속으로 가양주의 맥이 끊기는 상황에서도, 봉제사접빈객의 가치를 간직하며 술을 이어온 몇몇 안동의 종가집 소주를 소개하고자 한다.

적선소주: 신선의 술, 봉제사접빈객에 사용하다

적선소주는 안동지역의 3대 조리서인 온주법에 나오는 소주다. 이 책을 대대로 간직했고 여기에 나오는 몇몇 술들을 소중히 지키며 만들고 있는 곳은 의성 김씨 청계종택이다. 적선은 "속세로 귀양 온 신선이라는 뜻으로 풀이되고 있다. 따라서 적선소주는 신선들의 술로 해석할 수 있다."[1]

적선소주는 맵쌀을 가루내어 죽을 쒀서 밑술을 담는다. 그 후에 찹쌀을 쪄서 덧술을 담는 이양주 기법의 소주다. 술 맛이 달고 향긋한 곡물향이 특징이다. 온주법에는 이렇게 향긋한 신선의 소주를 봉제사접빈객으로 사용하기 위

---

1   박록담, 『전통주 비법 211가지』, 서울: 코리아쇼케이스, 2006.

온주법의 적선소주를 빚는 의성김씨 내앞 종가의 김명균 박사

해 기록으로 남겼고, 그래서인가, 이 술을 내리는 청계종택은 손님 끊일 날이
없다.

간재종택의 국화소주

효자였던 간재 변중일 선세의 간재종택에는 가을이면 국화가 흐드러진다.
그 국화를 덖어서 말린 후에 집에서 내린 소주를 넣고 우려낸다.

봄에는 새로 나온 솔잎을 따서 간 후에 솔 즙을 소주에 넣어 숙성을 시킨다.
이렇게 간재종택은 봄, 가을로 일년에 두 번 자신들만의 소주를 만들어 손님들
과 나눈다. 최근 이 소주의 이름을 금정이라 했다. 집앞에 있는 우물 이름인데,
모든 술의 기본은 물이 시작이며 금정의 물맛이 워낙 좋아 그 이름을 땄다.

간재종택 종손 부부

하회 충효당 종가 옥연주와 옥연소주

　종가의 술은 결국 종부에 의해 대를 잇는다. 충효당의 가양주 전통이 끊어졌다가 14대 종부 최소희 여사가 어릴 때부터 자신의 친정인 경주 최부잣집에서 익힌 술법을 안동에서 빚기 시작하면서 다시금 충효당의 술로 자리하기 시작했다. 삼양주로 빚는데, 밑술을 담은 후에 맵쌀과 찹쌀로 두번의 덧술을 한다. 백옥처럼 깨끗한 맛을 낸다하여 옥연주玉淵酒로 이름붙였다. 이 옥연주는 대를 이어 내려오던 토기로 된 소줏고리에서 내린다. 삼양주로 빚은 안동소주인 셈이다.

집안의 대를 잇는 소줏고리 앞에 선 충효당 종손

좁쌀로 빚는 노송정 종택의 노속주와 노속소주

노송정 종택은 안동에서도 가장 살기 좋은 온혜에 위치해 있고 이곳에서 퇴계가 태어나 퇴계태실이라고도 부른다. 이 지역은 잡곡 농사를 많이 짓는 곳이며 특히 서속(좁쌀)이 좋은데, 노송정 종가는 이 좁쌀을 이용해 술을 빚어 가양주로 이어오고 있고 노속주로 불렸다. 이 가양주는 불천위제사를 비롯한 모든 제사에 빠질 수 없으며, 손님 접대에 늘 함께했다.

옛날과 달리 좁쌀은 무척 비싼 곡물이 되었고 술은 더 귀해졌다. 요즘에는 좁쌀에 찹쌀을 섞어서 술을 빚기도 한다. 이렇게 빚어 떠낸 청주의 맛은 좁쌀의 고소한 맛과 감칠맛이 으뜸이다. 가끔씩 이 향기로운 청주를 고아 소주로 내린다. 가양주로 수백년을 내려온 집안의 노속주, 그리고 그 술로 내린 소주는 안동소주의 원형이라 할 수 있다.

술빚는 노송정 종부

안동소주, 시로 옷 입다

마시는 안동소주도 중요하지만, 안동소주는 작가들의 작품 속에서 새로운 생명을 얻기도 했다. 고려와 조선시대 문인들의 주제로 자주 등장한 술은 현대에 와서도 만찬가지인데, 특히 안동소주는 그 유명세 만큼이나 소설, 수필, 시 등에 등장한다.

여러 작품 중에 안동 출신 두 시인의 시를 소개한다.

안동에서 나고 자라며 보고 마시고 느꼈던 안동소주가 시로 승화되어 새로운 세상과 연결하고 있다.

안동소주

안상학[2]

나는 요즘 주막이 그립다
천머리재 한티재 솔티재 혹은 보나루
그 어딘가에 있었던 주막이 그립다
뒤란 구석진 곳에 소주걸이 엎어놓고
장작불로 짜낸 홧홧한 안동소주
미추룸한 호리병에 묵 한사발
소반 받쳐들고 나오는 주모가 그립다

팔도 장돌뱅이와 어울려 투전판도 기웃거리다가
심심해지면 동네 청상과 보리밭으로 들어가
기약도 없는 긴 이별을 나누고 싶다

---

2   안상학, 『안동소주』, 서울: 실천문학사, 1999.

까무룩 안동소주에 취한 두어 시간 잠에서 깨어나
머리 한 번 흔들고 짚새기 고쳐매고
길 떠나는 등짐장수를 따라나서고 싶다
컹컹 짖어 개목다리 건너

말 몰았다 마뜰 지나
한 되 두 되 서너 되
어덕어덕 대추볕이 해 돋았다
불거리 들락날락
내 앞을 돌아 침 뱉었다 가래재

등짐장수의 노래가 멎는 주막에 들러
안동소주 한 두름에 한 사흘 쯤 취해
돌아갈 길 까마득히 잊고마는
나는 요즘 그런 주막이 그립다

안동출신 안상학씨의 시집(1999)
시에 표현된 단어들이 정겁다.
〈주막, 소주고리, 호리병, 소반, 홧홧한 안동소주 등〉

안동소주

유안진[3]

이 풍진 세상을
아무리 아모리
저 세상의 마음으로 살아간다 해도

때없이 맞닥치는
겨울비 같은 좌절과 낭패를
들켜지고 마는 굴욕과 수모 …를
불싸질러 흔적 없이 사루어주는
45도 화주 안동소주

사나이의 눈물 같은
피붙이의 통증 같은
첫사랑의 격정 같은
내 고향의 약술 그 얼로 취하여

이 풍진 시대도
저 시대의 너털웃음 웃어가며
성큼성큼 건너뛰며 나 살으리

---

3   유안진, 『세한도 가는 길』, 경기도: 시월, 2009.

08

내일을 위한
오늘의
안동소주

한국을 대표하는 술을 꼽으라면 소주이며, 그 소주 중에서도 안동소주라는 데는 반론의 여지가 없다. 몽골의 침략기를 거치면서 1281년 고려 충렬왕의 행궁이 안동에 설치된 즈음에 전래된 안동의 소주는 칠백여년간 우리나라 소주사의 중요한 매 순간마다 강한 연결고리를 통해 오늘까지 이어져 왔다. 지금은 북한 지역의 개성 및 평양소주와 함께 지역의 이름을 가진 가장 유명한 소주로 자리 매김했다.

오늘날 우리가 부르는 안동소주는 이 긴 역사 속에서 진화하고 살아남아 승자처럼 보이지만 적지 않은 과제를 안고 있다.

그 첫째는 안동소주의 정체성 확립이며,

둘째는 안동소주의 제조와 관련한 최소한의 규약이 필요하며 이를 통해 소비자의 신뢰를 얻을 수 있는 지리적표시제Geographical Indication System를 확립하는 것이고,

셋째는 안동시의 제도적 뒷받침을 통해 안동소주의 장기적이고 안정적인 발전이 필요하다고 할 수 있다.

지리적표시제 사례

오늘날 안동소주라고 불리는, 안동에서 생산된 소주가 대내외적인 신뢰를 얻기 위해서는 몇 가지 짚어야 할 사안들이 있다.

'안동소주란 과연 어떤 기준으로 불리는 것일까?' 라는 질문이 그것이다. 현재 상업적으로 소주를 생산하는 제조사들의 공통점은 안동에서 생산한다는 단 한가지다. 발효의 방법, 증류 방법이나 사용하는 증류기의 종류, 사용하는 원료, 첨가물의 유무, 순곡물만을 사용하는가에 대한 기준, 숙성에 대한 기준 등 어느것 하나도 같은 것이 없을 정도로 각양각색이다.

이를 극복할 수 있는 대안 중 하나가 지리적 표시제[1]의 도입이다.

안동시는 2019년 9월에 '안동소주'에 대해 '지리적 표시 증명표장'을 특허청으로부터 받았는데, 이것은 지리적표시제와 유사한 제도로서 지방자치단체가 품질기준을 규정하고 지역 특산품을 관리하는 제도 중 하나다. 하지만 지방자치단체의 지역특산품 관리가 업체들에게 미치는 영향이 아직은 미미한 상태이다.

지역의 브랜드를 지리적표시제 시행과 함께 활용해서 고객의 신뢰를 얻고, 마케팅에 성공한 예는 전세계적으로 상당히 많은 편인데, 몇 개의 사례를 보면 다음과 같다.

프랑스 포도 브랜디, 코냑Cognac

코냑은 프랑스 꼬냑 지방에서 생산한 와인을 증류해서 만드는 브랜디Brandy다. 전세계에서 와인으로 만드는 브랜디는 수 없이 많지만, 코냑은 지리적 표시제가 적용되어 이곳에서 생산된 브랜디만이 '코냑'이라는 이름을 쓸 수 있다. 전세계 애주가 상당수가 알고 있는 이 코냑을 생산하는 프랑스의 코냑 도시는 안동[2]보다 상당히 작은 15.5km²의 면적을 가지고 있으며, 인구는 18,670명에 불과하다.

코냑 중 하나인 헤네시 XO 제품

세계 최고의 와인 중 하나라는 찬사를 받는 보르도와 아주 가까운 곳에 위치한 꼬냑 지방의 화이트 와인은 산도가 매우 높고 떫어서 하급 와인으로 취

---

1   지리적 표시제는 상품의 품질, 명성, 특성 등이 근본적으로 해당 지역에서 비롯되는 경우 지역의 생산품임을 증명하고 표시하는 제도이다. 지리적 표시 인증을 받은 상품에는 다른 곳에서 임의로 상표권을 이용하지 못하도록 하는 법적 권리가 주어진다. 그 예로 미국 '플로리다 오렌지', 인도 '다즐링 홍차', 프랑스 '카망베르 치즈', 우리나라의 보성녹차와 한산소곡주가 있다. 안동의 경우에 안동포 등이 지리적표시특산품으로 등록되어 관리되고 있다.
2   안동의 면적은 1,522km², 인구는 약 16만여 명이다.

급을 받았다. 하지만 이 와인을 증류하여 오크통에 넣고 최소 2년 이상 숙성을 하면 세계 최고 수준의 술이 탄생한다. 16세기경 네덜란드 상인들이 꼬냑 지방에 소금, 목재, 와인을 사기 위해 들렀는데, 장기 항해 중 와인이 변질되는 걸 막기 위해 이 꼬냑의 와인을 증류한 것이 코냑의 기원이다.

17세기엔 이 와인을 두 번 증류하여 오드비eau-de-vie(water of life)로 만드는 법을 개발했고, 그 지역에 있는 숲[3]의 참나무를 깎아 만든 오크통에 이 오드비를 숙성시켜 브랜디의 풍미를 비약적으로 향상시켰다. 지금도 코냑은 대부분 리무쟁의 오크통에 숙성시키는데, 다른 지역의 브랜디와의 비교를 불허하는 코냑의 풍부한 향미는 이 리무쟁의 오크통 덕분이라 할 수 있다.

코냑은 숙성연도에 따라 등급을 다음과 같이 규정하고 있다.

- V.S.(Very Special) 또는 ★★★ (three stars): 오크통 숙성이 가장 짧은 오드비의 숙성연도가 최소 2년인 제품.
- V.S.O.P.(Very Superior Old Pale) 또는 Reserve: 오크통 숙성이 가장 짧은 오드비의 숙성연도가 최소 4년인 제품.
- Napoléon: 오크통 숙성이 가장 짧은 오드비의 숙성연도가 최소 6년인 제품.
- XO(Extra Old): 오크통 숙성이 가장 짧은 오드비의 숙성연도가 최소 10년인 제품.

보르도라는 지역에 비해 불리한 날씨와 저품질의 와인을 극복하고자 증류주로 만들고 이와 함께 지역의 참나무를 활용하고 숙성을 통해 세계 최고의 특산품으로 탄생한 꼬냑지방의 코냑은 안동소주에 시사하는 바가 크다.

---

3   리무쟁(Limousin) 숲.

일본의 소주

일본의 많은 소주 중에 지리적표시제로 지정된 소주 브랜드는 네 개가 있다. 보리소주인 이키소주, 흑국을 사용하는 아와모리, 고구마를 사용하는 사쓰마소주, 쌀이 주 재료인 구마소주가 그것인데, 이 중에서 이키 소주와 아와모리는 일본을 대표하는 소주로 알려져 있다.

이키소주壱岐焼酎

일본의 나가사키현 이키 섬에서 전통 방식으로 제조하는 대표적인 보리소주이다. 이키섬은 제주도 10분의 1 정도의 작은 크기이며 대마도에서 50여km 떨어진 인근에 위치한다.

조선시대 태종 때부터 성종 때까지 약 100년간의 기록을 보면, 대

다양한 이키소주들

마도는 조선에 조공을 하고, 답례로 소주를 받았다. 그런데 산악지대로 곡물 원료가 부족한 대마도에서는 정작 소주를 만들지 못했다. 대신 조선통신사가 일본을 오갈 때 들렀던 인근의 이키섬은 넓고 비옥한 농경지가 있어서 소주 제조에 용이했다.

이키 섬 주민들은 조선으로 부터 습득한 소주 기술을 자신들이 농사짓고 주식으로 먹던 보리와 접목해서 이키소주를 만들었다. 현재 일본 내에서는 물론이거니와, 기술을 전해 준 한국과 전세계로 수출을 하며 이키소주의 명성을 쌓고 있다. 현재 7개의 보리소주 양조장이 이키소주를 생산하고 있다.

이곳의 증류소들은 수백년 이어온 전통 방식대로 술을 빚고 있는데, 주 원료로는 이키섬에서 재배한 보리를 사용하고, 누룩은 오랫동안 전수해온 쌀누

룩을 쓴다. 이키 소주는 전통 제조법을 인정받아서 1995년에 WTO에 지리적 표시제로 등록되어 상표가 보호 받고 있다. 같은 원료나 제조법으로 소주를 만들어도 이키壹岐에서 만들지 않으면 이키소주라고 부를 수 없다.

아와모리

아와모리는 일본에서도 가장 오래된 증류주로 불리운다. 가장 큰 특징 중 하나는 "검은 누룩곰팡이" 즉, 제비원표 안동소주가 사용했던 누룩인 흑국을 사용한다.

아와모리는 고온다습한 오키나와에서 만들다보나 일본에서 일반적으로 사용하는 백국白麴 등은 잡균 번식으로 인해 오염이 심했다.

흑국은 살균력이 강한 구연산을 많이 생성하기 때문에 이러한 환경에서 술을 빚는데 매우 적합한 누룩이었다. 현재 흑국을 술 제조에 사용하는 것은 아와모리 뿐이다.

또 다른 특징 중 하나는 태국 쌀(인디카 쌀)을 사용하는 것인데, 쌀이 단단하며 습기가 없어 누룩곰팡이가 잘 자라서 쌀누룩을 만들기 쉽기 때문이다.

아와모리를 제조하는 오키나와의 양조장들은 숫자가 많고 영세한 편이었으며, 심지어 2차 세계대전 때 대부분의 소주 제조장이 파괴되어, 제조에 꼭 필요한 흑국이 사라진 적이 있었다. 1949년에 온 시민들의 노력으로 흑국균을 다시 찾아냈고, 양조장들이 새로 문을 열면서 현재는 47개에 이른다.

처음 내린 술은 거칠지만, 아와모리는 점 점 더 고급화를 추진하고 있다. 그 대표적인 것이 3년 이상 숙성을 하는 '구스'라 부르는 술이다. 장기간 보관함으로써 맛이 순해지며 감칠맛이 나고 향이 강해지기 때문에 항아리나 병에 넣어 술을 묵히고 오래 둘수록 비싸지는 아와모리 구스는 세계적인 명성을 얻었다.

1995년에 지리적표시제로 지정되었으며, 모든 제조사들은 전통은 물론, 업체간의 자체 규약을 지키며 술을 생산하고 있다.

멕시코, 데킬라Tequila

누구나 호기심에 한번쯤 마셔봤을 데킬라는 멕시코의 증류주 중 하나로 할리스코 주에 위치한 도시의 이름을 딴 술이다. 데킬라 시의 인구는 3만8천여명이고 면적은 안동의 4분의 1가량 된다.

일반적으로 다육식물인 용설란 agave으로 만든 술을 메스칼Mezcal

다양한 데킬라

이라 하고 이 중에서 블루 아가베agave azul라 불리는 용설란만을 재료로 해서 이 지역에서 만들 때 데킬라라고 부른다. 또한 무조건 데킬라가 되는게 아니라 몇가지의 제조 규약을 따라야 한다. 데킬라는 블루 아가베만을 이용하며, 섬유질에 밴 당분을 짜낸 즙을 발효하여 풀케 pulque라고 하는 탁주를 만든다. 단식 증류기로 두 번 이상 증류하도록 법으로 정해져 있다.

테킬라가 원래 유명한 술은 아니었는데, 1953년 이후에 미국을 비롯한 여러 곳에서 인기를 얻기 시작했다. 이때까지도 사실 데킬라는 멕시코의 토속주에 불과했으나 1968 멕시코시티 올림픽 이후 방문객들이 독특한 맛에 이끌려 각국으로 가져간 것을 계기로 세계의 술이 되었다.

어느 술과 마찬가지로 데킬라도 숙성에 따라 등급을 나눈다.

블랑코Blanco(투명): 갓 정제한 상태로 실버라고도 불리우며 가장 독하고 현지에서는 스트레이트로 마시기도 하지만 다른 나라에서는 칵테일 용으로 주로 쓰인다.

레포사도Reposado(금색 혹은 호박색): 최소 2개월, 최대 1년까지 숙성된 상태이다. 우리가 흔히 데킬라 하면 연상되는 누리끼리한 색깔을 띠며 스트레이트로 직접 마실 수도, 칵테일로 마실 수도 있다.

아녜호Añejo(갈색 혹은 짙은 호박색): 적어도 1년 이상 숙성된 상태이다. 색깔은 위스키와 비슷하게 보인다. 가장 부드럽다. 3년 이상 오래 숙성된 것은 엑스트라 아녜호Extra añejo라고 부르며 가격 또한 더 비싸진다. 엑스트라 아녜호의 경우 숙성되었을 때 나오는 풍미는 깊어지지만 대신 데킬라 특유의 향은 거의 사라진다.

안동소주에 대한 제언

지리적표시제를 통해 명칭의 보호 뿐 아니라 이를 마케팅으로 적극 활용하고 있는 해외의 주류 사례에서 보듯이, 소비자들을 감동 시키는 것은 그 술이 가지고 있는 차별화된 특징과 스토리다.

샴페인, 꼬냑, 깔바도스, 데킬라 등 주류 분야의 대표적 술들이 갖는 지역성은 하루 아침에 만들어 진 것이 아니라, 오랜 세월 축적된 제조방식과 숙성의 기술들을 지킨 덕분이다. 더 나아가서 그것을 규범화함으로 술의 품질을 유지하는 것은 물론이거니와 소비자들에게 신뢰를 주었다.

팬데믹 이후 주류시장은 빠르게 변하고 있다. 전통주와 프리미엄 소주의 소비층은 기존의 중장년층에서 20~30대의 젊은 층과 여성고객으로까지 확대되었다. 안동소주를 비롯한 기존의 전통주들이 선물을 목적으로 판매가 이루어 졌다면, 젊은 세대들이 주도하는 주류 문화는 '내돈내산'(내 돈 주고 내가 산)이라고 부르는, 자신을 위한 소비가 주를 이루고 있다. 또한 온라인을 통한 간편한 구매, SNS를 통해 자신의 경험을 공유하고 동시에 다른 사람들의 시음 후기를 중요시하고 있으며, 무엇보다도 소주 생산자의 이력이나 스토리텔링을 통해 가치 중심의 소비가 이루어지고 있음을 주목해야 한다.

현재 대부분의 제조사가 안동소주란 이름을 붙이고 있지만, 이렇게 다양한 방법대로 소주 제조가 지속된다면, 소비자는 어느 시점에서 돌아설 수도 있지 않을까 하는 우려가 있다.

최소한의 규칙들을 정해야 한다. 예를 들면, 안동에서 생산된 순곡물을 사용해야 한다던가, 첨가제의 사용 여부와 사용 범위, 증류 방식에 대한 규정, 직접 증류한 원액만을 사용하는지의 여부 등이다.

더 나아가서 숙성 연도나 숙성 방법에 대한 표기 방법, 품질 등급에 대한 논의도 있어야 한다. 어느 선까지 규칙화 할 것인지는 업체들간에 자율적 협의를 통해 충분히 가능할 것이다.

그렇게 된다면, 안동이란 도시보다 '안동'이란 술이 더 유명해지는 날이 있을 것이다.

과거 1920년대에 탄생한 제비원표 안동소주가 당시로서는 혁신적인 제조방법, 순곡물 소주, 차별화된 맛, 거기에다가 전국적으로 유명세를 탔던 신민요 성주풀이의 제비원 상표가 더해지면서 소비자들에게 깊은 인상을 남겼다. 제비원표 안동소주의 명성은 오늘의 안동소주가 복원되는데 영향을 줬고, 지금의 업체들은 그 후광으로 자리를 잡았다.

안동소주가 흥하던 1920년부터 1960년대까지의 기록을 찾는 과정에서 필자가 매우 인상 깊었던 것은, 안동 시민 대부분은 값도 저렴하고 당시에 유행하던 신식 희석식소주가 아닌, 안동에서 생산되던 안동의 증류식 소주를 즐겨 마셨다는 것이다. 어느 식당, 어느 주막에나 안동소주가 테이블에 두 세병씩 놓여있었다. 지역 시민의 사랑 없이 외지에만 팔리는 유명한 술은 존속되기 어렵다.

내일의 안동소주는 오늘 안동의 소주가 주는 결과물이다.

안동소주의 미래는 밝다. 준비된 소비자, 언제라도 구매할 의지가 있는 애주가들이 기다리고 있다. 단 '안동소주'란 단일화된 좋은 이미지가 필요할 뿐이다.

안동의 소주는 안동소주와 다르다.

참고문헌

고영직, 「'실상'의 그리움으로 가는 길-안상학」, 『안동소주』, 실천문학사, 2000.

金三守, 「한국燒酒史」, 『論文集』 20, 1980: 「酒稅法」(1909)에 이르기까지, Antaŭ historio de Korea Alkoholindustrio.

김지은, 「高麗時代 飮酒文化와 靑磁 술잔 硏究」, 홍익대학교 대학원 석사학위논문, 2017.

류정월, 「조선 초기 양반의 술 문화 - 조선 초기 잡록의 술 관련 일화를 중심으로」, 『東方學』 19, 2010.

박록담, 『전통주 비법 211가지』, 코리아쇼케이스, 2006.

박현희, 「燒酒의 흥기 - 몽골 시기(1206~1368) "중국"에서 한반도에로 증류기술의 전파」, 『中央아시아硏究』 21-1, 2016.

배경화, 『民俗酒 安東燒酎 醱酵의 醸造學的 特性糾明 및 自家 누룩製造의 最適化』, 안동대학교 박사학위논문, 2008.

배경화, 「안동소주의 傳來 過程에 관한 文獻的 考察」, 안동대학교 석사학위논문, 2000.

배상면, 『朝鮮酒造史』, 규장각, 1997.

배영동, 「안동 지역 전통 음식의 탈맥락화와 상품화」, 『사회와 역사』 66권 제0호, 2004.

배영동, 「안동소주 생산과 소비의 역사와 의미」, 『지방사와 지방문화』 제9권 제2호, 2006.

배영동, 「16~17세기 안동문화권 음식조리서의 등장 배경과 역사적 의의 -『수운잡방』과 『음식디미방』의 사례」, 『남도민속연구』 29, 2014.

서보월, 『온주법』, 안동시, 2012.

안동대학교, 『(사진으로 보는) 근대 안동』, 성심, 2002.

안동시, 『(사진으로 보는) 20세기 안동의 모습』, 안동시, 2000.

안상학, 『안동소주』, 실천문학사, 1999.

유안진, 『세한도 가는 길』, 시월, 2009.

윤숙경, 「需雲雜方에 對한 小考」, 『安東文化』 7, 1986.

이난수, 「古조리서로 본 종가(宗家)의 살림문화 -『수운잡방(需雲雜方)』, 『음식디미방』, 『온주법(蘊酒法)』을 중심으로」, 『어문론총』 62, 2014.

이동필, 「전통민속주산업 육성을 위한 제도개선 방안: 「민속주안동소주」 사례 연구」, 『농촌경제』 17-2, 1994.

이상원, 「종가(宗家)의 전통주 연구」, 우송대학교 석사학위논문, 2015.

이성우·김귀영, 「「온주법」의 조리에 관한 분석적 고찰」, 『韓國食生活文化學會誌』 3-2, 1988.

이성우, 『高麗以前의 韓國食生活硏究』, 鄕文社, 1978.

장지현, 『韓國外來酒流入史硏究』, 修學社, 1989.

정태헌, 「일제하 주세제도의 시행 및 주조업의 집적 집중 과정에 대한 연구」, 『韓國史研究論選』, 韓
　　　國人文科學院, 1997.

조현설, 『안동 제비원』, 민속원, 2021.

지일선, 「소주의 변천과 주질」, 『주류산업』 1-1, 1981.

최한석·정석태 외 5인, 「생명의 물, 증류주」, *RDA Interobang* 제168호, 2016.

Park, Hyunhee, *Soju*, England: Cambridge University Press, 2021.

안 동
문 화
100선

①⑧

안동소주

초판1쇄 발행 2022년 12월 12일

기 획 한국국학진흥원
글쓴이 박성호
사 진 최형락
펴낸이 홍종화

편집·디자인 오경희·조정화·오성현·신나래
    박선주·이효진·정성희
관리 박정대·임재필

펴낸곳 민속원
창업 홍기원
출판등록 제1990-000045호
주소 서울 마포구 토정로25길 41(대흥동 337-25)
전화 02) 804-3320, 805-3320, 806-3320(代)
팩스 02) 802-3346
이메일 minsok1@chollian.net, minsokwon@naver.com
홈페이지 www.minsokwon.com

ISBN 978-89-285-1774-9
SET 978-89-285-1142-6 04380